누구나 읽고 쉽게 이해가 가능한

명당의 부동산

고급 사단법인 한국자연지리협회

회장 노영준 저

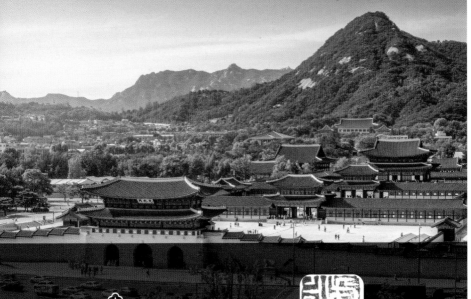

 사단 법인 **한국자연지리협회**

백산출판사

패철 大·12선도

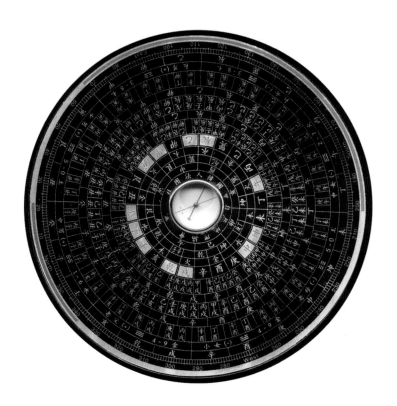

▪▪▪ 패철 ▪

　전 세계적으로 사용되고 있는 본 패철은 사단법인 한국자연
지리협회에서 제작한 것으로 국내에서는 최고의 기술로 제작
된 패철이다. 정교한 바늘을 사용하여 흔들리지 않고 정확하
게 서는 것이 특징이다.

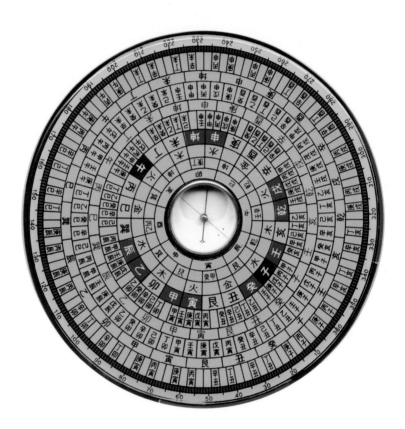

패철 小·6선도

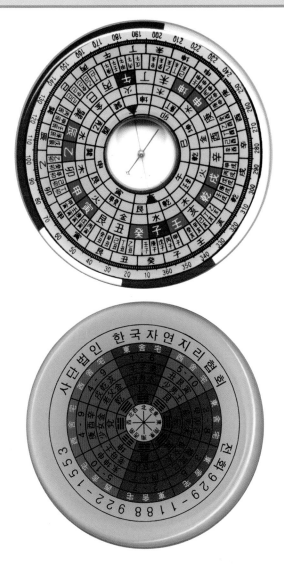

▲ 패철 후면에 그려진 주역 8괘도

▲ 고 박정희 전 대통령 조부, 조모의 묘

▲ 남양주군에 있는 안빈 묘소

◀정릉 - 신덕왕후 강씨의 능

▲ 태조 이성계 묘지

머리말

　풍수지리는 인간이 삶을 영위하는 데 있어 필수적으로 다루어야 할 부분이다. 인간과 자연은 떼어놓을 수 없는 함수관계에 있기 때문이다.

　명당에서 태어나는 사람은 어머니 뱃속에서부터 나오자마자 제일 처음에 심호흡을 하면 명당의 좋은 기를 받게 된다. 이로써 신장이 갖추어져 그 기운으로 일생을 살게 된다는 것이다.

　그러나 엄밀히 따져보면 풍수지리란 우리 인간이 살아가는 데 있어 어떠한 방식으로든 발전이 필요하다.

　과거에는 '풍수지리' 하면 오직 음택 풍수에만 전념해 오던 것이 근래에는 현실적으로 필요로 하는 양택 풍수와 풍수 인테리어가 성행하면서 하나의 학문으로서 체계를 이루어가고 있다. 특히 이 책에서는 양택에 대한 전반적인 길흉화복론을 위주로 엮게 되었다.

　이것은 과거의 고서에만 의존하지 않고 실제적인 현장

경험에서 얻어진 길흉화복 위주에 역점을 두었다.

앞으로 양택 인테리어를 공부하는 데 많은 도움이 되지 않을까 생각하는 바이다.

어떠한 학문이든 배우고 공부하는 이들의 연구와 경험을 거쳐서 참고하는 것이 중요한 만큼 책에서 보고 배운 지식을 토대로 연구가 필요하다.

특히 어느 책에서든 거기에 기재된 내용이 꼭 절대적인 것만은 아니라 참고로 보고 스스로 깊이 연구하는 것이 가장 중요하다.

우리나라에 풍수지리 학문이 도입된 지는 오래되었지만 그에 비해 학문적으로 체계화되지 못했으며 이제 겨우 시작에 불과한 실정이다.

물론 주택의 문화가 서구식으로 변해가는 과정이 그리 오래되지는 않았다는 데 그 답이 있다.

그러나 이미 받아들인 양식의 구조와 건축물의 내용에 인테리어를 제대로 하려면 풍수적으로 재정립이 필요한 부분이 있으므로 앞으로 양택 풍수인테리어의 학문을 더욱 발전시켜 나가야 할 것이다.

사단법인 한국자연지리협회
이사장 노영준

차례

주택을 보는 요령 : 힘 있는 곳이 주, 기두점이다

제일 먼저 집의 중심을 봐야 한다. 외상을 보고 중심점을 찾고 외부에서 사방을 돌아보는 것이다. 그리고 외부에서 기두점을 찾는다.

단독주택이 길상이냐 빈상이냐 또는 부상이냐 하는 데에는 원칙이 있기 마련이다.

양택을 공부하는 사람들은 현장실습에 숙달되어야 집을

보는 데 실수가 없다.

집의 기두점을 찾을 때 건물에서 제일 힘을 많이 받는 곳을 주시해야 하고 공간이 가장 넓은 곳을 찾는 것이 중요하다.

이 집은 외부에서 보기에 힘이 중앙지점에 놓여 있다는 것을 알 수 있다. 정확한 것은 실내에서 다시 한 번 확인하는 것이 중요하다.

기두의 공식법은 고(高)-높고, 광(廣)-넓고, 력(力)-힘 있는 곳이다.

이 공식법을 잘 알아서 기두점을 찾는 것이 좋다. 그리고 제일 먼저 그 집의 가상을 잘 보는 것이 중요하다. 사람도 인상이 좋으면 한목보고 들어가듯이 집도 가상이 좋아야 한다. 그래서 사람은 인상 집은 가상이라고 했다. 가상이 중요하다는 것을 알아두면 좋다.

집의 주가 중앙이 된다

　주택의 주가 중앙으로 모여 있는 가상이다. 좌측에 가건 물로 된 곳이 현관으로 들어가는 문이다. 본체 중앙이 불 룩하게 튀어 올라왔기 때문에 힘이 모였다. 정확한 기두는 집의 내부에 들어가서 확인하는 것이 정확하다.

　그러나 제일 먼저 집에 들어가기 전에 외부에서도 먼저 집의 힘이 어디에 모여 있는지 확인하는 것이 좋다. 그러 나 위에 집 같은 경우에는 전형적인 과거에 우리나라에 삼간집에 해당된다. 삼간집 같은 경우에는 대부분 기두가 안방이 되기 쉽다. 안방이란 우측 옆에는 부엌이 붙어있고 좌측에는 작은방이 붙어있어서 안방은 중앙에 위치하고 있어서 가장 힘을 많이 받는 곳이기도 하다. 기두를 잡는 중에서 제일 첫째 힘을 가장 많이 받는 곳이라 했으니 유심히 살피는 것이 좋다.

집의 주가 또렷하게 보인다

　위의 집은 2층으로 된 단독주택으로서 길상에 해당된다. 외부에서 보다시피 주가 뚜렷하게 보인다. 주 건물을 둘러싸고 있는 가건물이 본체를 보호하고 있다. 이렇게 되면 집의 주는 한 중앙으로 모아지게 된다.

　외부에서 쳐다봐도 주가 되는 곳이 보인다. 중앙에 제일 높은 곳이 기두 즉 주가 되는 곳이다. 그래서 위에 집은 중앙이 가장 많이 튀어 올라온 곳이 기두가 될 확률이 가장 높다. 기두를 잡는 방법 중에서 가장 높은 곳에 해당이 되기 때문이다. 가장 넓고 가장 높고 가장 힘을 많이 받는 곳이라 했으니 위에 집은 가장 높은 곳에 해당이 되어서 살피는 것이 중요하다. 그러나 확실한 것은 실내 내부를 살피는 것이 좋다.

집의 중심이 주가 된다

이 집은 주변의 가건물 같은 것이 본체로 힘을 모아주고 있다. 본체 이외의 건물은 기두가 될 수 없다. 본체의 중앙 지점이 기두점이 된다. 이러한 집은 외부에서는 주가 어디인지 정확하게 판단하기가 어렵다.

이러한 경우에 집안에 들어가서 여기저기 살펴보고 정확한 주가 어딘지는 패철로 확인하는 것이 중요하다. 그러나 기두를 잡는 방법 중에서 가장 높은 곳에 해당이 되는 것 같기도 하다. 그러나 건물이란 외부에서만 보고 쉽사리 판단하기란 어렵다. 실내에 들어가서 가장 넓고도 찾아야 하는 것이다. 가장 넓고 가장 높은 곳이 있다면 이것은 틀림이 이곳이 기두가 되는 것이다.

집의 중심점을 찾아라
힘이 쏠리는 지점이다

이 집은 2층집으로서 지붕이 이중으로 되어 있다. 집의
측면에서 보면 중심점이 한복판으로 모아져 있다는 것을
알 수 있다. 이러한 집은 중앙의 기두점이 주가 된다.

건물이 형성되면서 중앙지점에 제일 높은 곳이 기두점
이 된다. 안에 들어가서 확인하는 것이 중요하다. 그리고
옥상에 한 칸이 가장 높은 곳에 있는데 이곳이 만약에 방

이라면 사람이 기거할 수 있는 공간이 되기 때문에 이곳이 기두가 된다. 하지만 이곳이 공간이 거의 없고 물탱크나 기타 공간이 없는 시설물이라면 이곳은 기두가 되지 못한다. 기두를 잡는 방법 중에 가장 힘을 많이 받는 곳이라 했으니 이곳이 건물에서 힘을 가장 많이 받는 곳인지 파악하는 것이 중요하다.

귀한 가상에서 인물이 난다

이 집은 단독주택으로서 마치 하나의 예술품을 감상하는 듯하다. 매우 단조로우면서도 주택의 허한 단점을 보완하고 있다. 외부로 기가 흩어지지 않고 담장의 높이도 알맞게 쌓았다.

양택의 가상법에 어긋남이 없는 모범적인 가상이다.

이러한 가상에서 출입문과 기두가 잘 갖추어져 있다면 필시 귀한 인물이 태어나게 된다.

주택을 지을 때 이처럼 정성을 들여 외형상으로도 보기 좋고 기두점도 잘 정하여 짓는다면 좋은 주택문화가 꽃을 피울 것이다.

그러나 이것은 어디까지나 외부에서 보는 것으로 내부는 알 수가 없다. 내부시설은 풍수사가 들어가서 패철을 놓고 정밀하게 재어보는 것이 중요하다.

물론 외부에서 1차적으로 보기가 좋고 좋은 인상을 받았다면 내부에도 잘 맞추어서 지었으리라 생각한다. 가상이 좋고 문주조가 잘 맞추어져 있다면 이러한 가상에서는 틀림없이 재물도 불어나겠지만 이러한 곳에서 태어나는 사람들도 인물이 되는 것이다.

부상의 주택 돈을 모으는 가상이다

주택의 구도가 특별하게 되어 있으나 가상학적으로는 부상에 해당된다. 일차적으로 집의 기운이 한복판 중앙으로 쏠려 있는 것을 볼 수 있다.

몸체의 기운을 차단하는 처마가 사방을 둘러싸고 있으므로 기가 사라지지 않는다. 이러한 가상은 부상으로 인정받게 된다.

외부에서 보기에도 주택의 주변에 허점이 보이지 않는다.

가상학에서 말하는 주택의 삼요결에도 벗어나지 않는다. 주가 있는 위치가 높이 있고 집의 중심점이 높다는 것이다. 외부에서 보기에도 흉하게 보이지 않는다. 이러한 가상을 한눈에 가려낼 줄 아는 안목이 필요하다.

옛말에 주택의 기두를 찾는 것은 심마니가 산에서 산삼을 캐내는 것이나 다를 바가 없다고 하였으니 기두를 찾는 것이 그리 간단한 일은 아니라고 할 수 있다.

물론 문주조가 잘 맞고 부상으로 지어지면서 집터 또한 기가 모이는 명당이라면 이것은 두말할 것도 없이 큰 인물이 태어난다. 인간은 이 세상에 태어나면서 처음 호흡을 할 때 주변에 있는 좋은 기를 들이마셔 그 기운은 신장에다 감추고 그 기운으로 일평생을 산다고 하였으니 부와 귀를 누릴 것이다.

수명장수 태어난 장소와 관계있다

옛날부터 수명은 태어날 때부터 타고난다고들 한다. 사람이 태어나면서 수명은 결정되어 있다는 이야기다. 그래서 흔히 말하기를 운명은 제천이다, 운명은 하늘에 달려 있는 것이지 인간의 뜻대로 하지 못한다는 것이다.

현대문명이 극도로 발달하고 있지만 인간의 수명을 연장시킨다든지 본인이 살고 싶을 때까지 살게 하는 것은 인간의 뜻대로 할 수 없다. 그렇다면 이것은 분명 동양철학에서 말하는 "운명이란 태어나면서부터 정해져 있다."라는 것이다.

일찍이 풍수지리학에서는 좋은 땅에서 생기를 받고 태어나면 이목구비가 뚜렷하고 인상이 훤하고 인물이 좋다고 본다.

그래서 명당을 보는 데는 혈상이고 집을 보는 데는 가상이고 사람을 보는 데는 인상이라고 했다.

우선 혈색이 좋고 인물이 잘생겨야 되고 혈상도 좋아야 된다는 뜻에서 관상이나 수상 보는 법도 나오고 『주역』에서 말하는 사주를 보는 법도 학문적으로 발달하게 된 것이다.

우선 동양철학에서는 태어난 장소를 가장 중요시하고

있다. 이것은 오직 어린 시절 좋은 땅에서 좋은 기를 받아 인체에 축적하여 그 기를 일평생 지니게 됨으로써 평생을 살아가는데 건강하여 병마와 싸우거나 시달림이 없게 되고 머리가 총명하여 올바른 생각을 하게 되면 만인의 존경의 대상이 될 것이다.

그런데 아무리 좋은 땅에서 좋은 기를 받고 태어나서 건강하다 해도 사주를 올바르게 타고나지 못한다면 살아가는 데 나쁜 운이 연속될 수도 있지 않겠나 하는 반문도 있다.

실전에서 연구해 본 결과에 의하면 맑고 깨끗하며 생기 있는 장소에다 가상법에 어긋나지 않는 집에서 태어나고 자란 사람들은 대부분 건강하며 명성이 넘치고 부도 누리며 수명장수 한다는 이론이다.

우리 인간은 선사시대부터 살아가는 데 있어 편리함과 행복을 추구하고자 연구 노력하며 수많은 지혜를 터득해 왔다. 이렇게 해서 얻은 실전경험들은 대대손손 전해지게 되었고 문자체로 변천해 온 것이 바로 풍수지리 학문이다.

책상 잘 놓으면 벼슬이 찾아온다

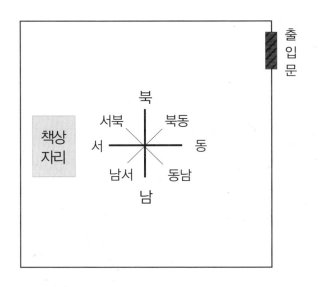

풍수지리로 보아 사무실의 출입문에 따라서 책상자리를 잘 맞추어 앉으면 좋다. 예를 들어 출입문이 북동쪽에 있다면 사방을 둘러보아서 북동쪽과 음양오행이 잘 맞는 곳에 책상을 놓고 앉으면 공직자나 사원은 진급을 하게 되고 수험생이라면 시험에 합격하는 자리배치이다.

그렇다면 북동쪽의 출입문과 어느 방향이 가장 잘 맞을까 하는 것인데 어느 방위에 책상을 놓아도 장단점은 있기 마련이다. 이 그림에서는 책상자리를 서쪽에 놓고 앉았다.

이 경우 풍수지리가가 책상자리를 정해준 것이 아니라면 운이 매우 좋은 사람일 것이다.

북동쪽에 출입문이 있으면 남서쪽이 좋다든지 서북쪽이 좋다든지 혹은 서쪽이 좋다든지 하여 제각각 의견을 펼치는 경우가 많다. 하지만 풍수지리는 정밀한 음양오행 속에서 그 해결책을 찾기 마련이다.

북동쪽의 출입문은 토국이다. 土도 작은 土라 해서『주역』8괘에서는 소남토라 한다. 책상자리는 서쪽에 금국인데 金도 작은 金이라 해서『주역』8괘에서 소녀금이라 한다. 그렇다면 작은 土와 작은 金이 만나서 조화를 잘 이루게 되니 오행에서는 토생금하여 순행하는 이치가 되는 것이다. 다만 한 가지 단점은 돈을 크게 벌지 못하는 자리이다.

요즘같이 물질만능주의가 팽배하고 급박한 경제 상황 속에서 살아가려면 절대적으로 돈이 필요할지 모르겠다. 그러나 음양오행이란 자연의 질서를 의미하는 것으로 해석하는 데 약간의 차이가 있을 수 있으나 필시 이 자리배치대로라면 걱정할 필요는 없다.

8괘에서 소남토와 소녀금의 배합은 사람으로 비유하면 신혼의 꿈을 안고 철부지들이 만나 장래를 설계하고 희망이 넘쳐나는 시기에 해당하므로 매사에 부러울 것이 없다.

한창 나이에 공부를 하고 실력을 향상시켜 과거에 응시

하는 격이니 공직자라면 시험에 무난히 합격하여 벼슬이 찾아오고 학생이라면 상급반에 진급이 가능하다.

아무리 재능 있는 사람이라도 경력이 붙어야 하고 하나하나를 경험하면서 장래를 펼칠 수 있듯이 이 자리배치는 희망적인 자리임에 틀림없다. 좋은 추억이 될 만한 희망적인 자리에 책상을 놓고 앉게 되니 사업을 시작해도 매사 순조롭게 풀려나갈 수 있다.

풍수지리로 보아 이 자리는 4~5년 단위로 발복이 찾아들게 되니 나날이 발전이 있게 된다.

책상 잘 놓으면 시험에 합격한다

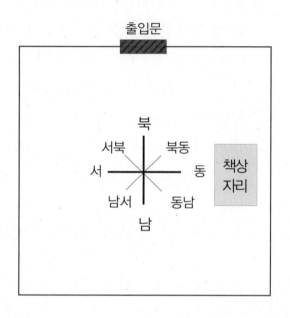

풍수지리에서 중요시하는 것은 바로 방향이다. 우리가 평범하게 알고 있는 동서남북은 사정방위라 하고 서북, 남서, 북동, 동남은 사우방위라 한다.

이렇게 8방위를 가지고 논하는 것이 풍수지리의 기본이다. 그래서 땅에는 4세가 있고 기는 8방위에서 흐른다는 것이다. 출입문에 따라서 주가 맞아야 사람이 살아가는 데 불편함이 없다는 것이 풍수지리에서 말하는 길흉화복의 이론이다. 예를 들어 방에서 학생이 공부를 한다면 출입문과 공부방의 주가 되는 곳에 책상을 놓으면 그곳에 앉아서 장시간 공부를 하므로 시험에 합격한다는 것이다.

풍수지리란 결국은『주역』에 근본을 둔 학문인만큼 사람의 사주를 보거나 궁합을 볼 때도 합이 되면 좋고 충이 되면 좋지 않게 보는 것이다. 출입문과 사람의 앉은 자리와도 삼합이 잘 맞으면 좋다. 그리고 공부하는 학생이라면 자라나는 재목인 만큼 木에 비유하면 되는 것이다.

위 그림을 보면 우선 출입문이 북쪽에 있으면 이것은 水국이다. 책상자리는 동쪽이므로 木이다. 그러면 木이 있는데 水가 저절로 들어오므로 나무는 자동으로 자라나게 되는 이치이다. 지금까지 필자는 수많은 곳을 방문해서 보았지만 이것은 거의 맞아떨어지는 것이 사실이다.

그리고 공직자나 사무를 보는 자리라면 앉은 자리는 장남목인데 출입문은 중남수이므로 음양이 맞지 않는다.

그래서 공직자나 사무원이라면 책상자리를 동남쪽 장녀목에 놓고 앉으면 승진 또는 진급할 수 있고 매사가 잘 풀린다는 것이다. 우선 진급이나 승진시험을 예로 들었지만 이것 외에 중요한 것이 건강이다. 잠자리나 앉는 자리가 맞지 않으면 건강도 좋지 않다는 것이고 보면 풍수적으로 자리에 신경을 써야 마땅할 것이다.

소남에게 좋지 않다

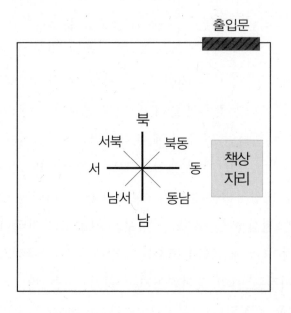

과거부터 앉는 자리를 잘 봐서 앉으라는 말이 있다. 사무실 내에서 어느 한 곳을 지정해서 앉아야 할 문제라면 신중을 기해서 앉아야 한다. 출입문은 사람으로 말하자면 입에 해당된다. 그런데 사람의 입이 한쪽으로 돌아갔다면 이것은 풍을 맞았을 때 입이 돌아가게 되는 것과 마찬가지로 출입문도 이렇듯 중요한 구실을 하게 된다.

책상을 놓고 앉는 자리는 출입문과는 음양의 관계가 된

다. 왜 음양의 관계가 될까? 풍수지리에서 출입문은 양에 해당되고 책상의 앉는 자리는 음에 해당되어 이것이 음양의 이치가 되는 것이다. 그러면 음양의 이치가 잘 맞아야 하고 잘 맞는다는 것은 사람으로 비유하면 남녀 한 커플의 궁합이 잘 맞아야 한다는 뜻이 된다. 그런데 이 그림의 사무실의 형태는 출입문에서 들어오는 기운은 土의 기운인데 책상자리는 木의 기운을 가지고 있다. 그러면 오행의 상생상극으로 볼 때 목과 토는 木극土가 되어 상극이 된다. 그리고 북동쪽은 작은 토인 데 비해 책상자리는 큰 목의 자리이고 큰 상기둥을 해도 되는 나무이다.

그래서 이것은 음양의 조화가 맞지 않고 오행에서도 상극이 되니 불배합이 되는 가상이다. 불배합이라면 좋지 않은 자리라는 뜻이다. 그런데 얼마나 어떻게 좋지 않을까 하는 것을 하나하나 나열해 보기로 한다.

만약에 북동쪽의 출입문에서 동남쪽에 책상을 놓고 앉게 되면 3년 내로 禍가 미치게 되는데 제일 먼저 木이 土를 극하니 토가 상하게 되어 위장이 나빠지게 된다. 그리고 점차적으로 재물이 나가게 되는 이치이다. 土는 풍수지리에서 재물로 보게 된다.

그 재물이 극을 받게 되니 항시 돈에 쪼들리게 된다. 그리고 형제는 물론이고 동지 간에 우애가 끊어지게 되므로 집안이 편치 못하고 매사가 원만하지 못하다.

사람이 사회나 집안에서 일이 잘 풀리려면 첫째로 가정이 편안하고 안정되어야 할 텐데 가정에 안정이 없게 되니 재물과 우정이 한꺼번에 나가게 되는 것이다. 특히 공직자라면 관재구설수가 겹치게 되는데 사무실 내에서 책상을 잘못 놓았다 해서 설마 그런 일이 일어나겠냐고 반문하는 사람도 있다.

풍수지리를 제대로 공부한 풍수지리가라면 생소한 남의 사무실에 가서 패철을 놓고 재보고 계산해 보면 그 사무실이 돌아가는 상황을 알 수 있다. 그것은 오직 출입문과 그 주인이 책상을 놓고 앉아 있는 것을 보고 아는 것이다. 문제를 해결하려면 책상을 바로 놓고 앉아야 한다.

책상 잘 놓으면 재산이 불어난다

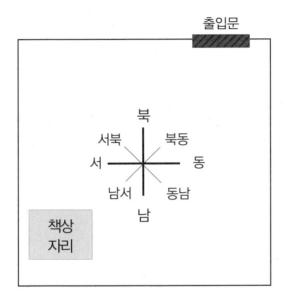

동서남북을 말할 때 사정방위라 하게 되고 북동, 동남, 남서, 서북쪽을 사우방위라 하게 된다. 그런데 사무실이나 방이나 주택이나 가게 등은 대부분 사각형에 가깝다. 정사 각형이 아니라도 약간 긴 사각형이 대부분이다. 그런데 출 입문은 어느 방위에든 있을 수 있다. 어느 방향이든지 그 출입문에 따라 책상을 잘 맞추어 앉게 되면 만사가 길하게 되고 반대로 잘못 앉게 되면 예기치 않은 흉한 일이 자주 일어나게 되고 큰 손해를 보기도 한다.

그런데 이 그림처럼 출입문이 북동쪽이라면 음양오행에서는 土국이 된다. 작은 土라 하여 『주역』 8괘에서는 소남토라 부른다. 남서쪽도 같은 土국인데 큰 土라 해서 노모토라 부른다. 음양이 잘 맞고 길한 자리배치이다.

우연히 책상을 놓았는데 이러한 자리에 놓게 되었다면 운이 매우 좋은 사람이다. 운이 좋으면 좋은 자리에 앉게 되는 이치이고 운이 나쁜 사람이라면 어설프게 책상을 놓았다가는 아주 나쁜 자리를 차지하게 된다. 그러나 모든 일을 요행만으로 믿고 바랄 수는 없는 일이다.

누구나 풍수지리에 조금만 관심을 가지고 공부를 하게 되면 흉한 자리를 피할 수 있을 것이다.

그렇다면 북동쪽에 출입문이 있는데 남서쪽에 책상을 놓고 앉게 되면 어떠한 일과 관계가 있을까 하는 것이다.

북동쪽은 소남토이므로 출입문에서 土기가 계속 들어오게 된다.

그 토기를 반갑게 받아들여 기쁨을 누릴 수 있는 곳이 남서쪽의 노모토이다. 한마디로 말한다면 중년을 넘기고 귀한 아들을 얻는 격이니 집안에는 웃음꽃이 활짝 피어나는 것이다.

인생에 있어서 이보다 더 반가운 일이 어디 또 있을까

하는 것이다.

책상을 놓는 자리와 출입문이 있는 방위가 사우방위인 음절에 속하게 되므로 음은 인생사에서 없어서는 안 될 재물을 뜻하게 되어 재물의 운이 활짝 열리는 격이 된다.

가정에 기쁨이 찾아드니 재물도 덩달아 불어나게 되고 행복이 겹친 셈이다. 그렇다면 이러한 가상은 5년 주기로 수시로 발복이 있게 되니 귀격의 가상이 된다.

책상 자리에 따라 출세가 달라진다

책상자리를 잘 배치함으로써 출세가 달라진다면 의아하게 들릴지도 모른다. 풍수지리에서는 어떠한 장소든지 주가 있다고 본다. 그 주에 알맞게 출입문이 나와 있으면 좋을 텐데 대부분 주에 맞추지 않고 용도의 편리함만 생각해서 출입문을 내다보니 폐단이 생기기 마련이다.

주택이건 사무실이건, 출입문이 바르게 나와 있지 않다면 이것은 안 좋은 것으로 본다.

세를 들어 사는 사람이나 공직에 있는 사람이라면 출입문에 맞추어 책상을 놓아야 한다.

사정방위, 사우방위를 합하여 8방위에서 계산하여 자리를 정하게 된다. 각 방위마다 길흉화복이 달라지는 법인데 사업하는 사람과 공직자는 달리 배열해야 한다.

본래 출입문이 집의 주에 맞지 않게 나와 있더라도 앉은 사람이 출입문에 맞추어 앉아야 한다. 출입문이 잘 맞지 않고 앉은 자리도 비뚤어지면 더욱 나빠지게 되므로 조심해야 한다.

공직자의 책상을 부절에 놓아주면 구설수에 휘말리기 쉽다.

'반풍수 집안 망친다.'라는 속담처럼 풍수지리에 있어 현명한 판단을 하기 쉽지 않은 것이다. 무엇이든 분수에 맞게 주인공에게 알맞은 자리를 선택해 주는 것이 풍수지리가의 임무이다.

말단사원에게 사장의 자리를 내준다고 해서 당장 사장이 되는 것은 아니라는 것을 알아야 한다. 풍수지리 학문에서는 음양과 오행이 순행하는 것을 원칙으로 하고 있다.

모든 사물은 순행의 원칙에서 평범함을 찾아야 매사가 잘 돌아가게 되는 것이다.

풍수지리에서 이기론의 학문이란 『주역』의 학문이기 때

문에 복잡해서 혼돈하기 쉽고 오래도록 연구하지 않으면 매우 어렵다.

책상을 어느 방향에 놓고 어느 위치에 앉아 있느냐에 따라 길흉화복이 달라지는 것이며 부귀 내지는 건강까지도 달라진다. 이것을 알아낼 수 있는 것이 풍수지리의 학문인 것이다.

출입문은 사람에 비유하면 입에 해당하는 곳이다. 얼굴에서 입이 삐뚤어진 사람이라면 풍을 맞은 중풍환자일 것이다.

풍수지리는 출입문과 책상을 놓고 앉는 자리가 오행에 따라 바르게 나와 있어야 한다. 그래서 풍수지리 학문을 터득한 사람이라면 책상을 놓고 앉아 있는 것만 보아도 시험이라든지 승진 여부를 미리 간파할 수 있는 것이다.

책상자리 수명과 관계있다

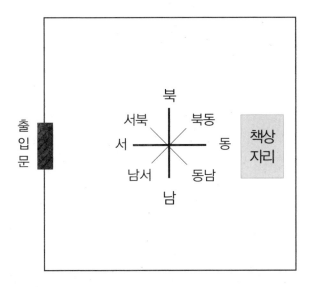

위 그림과 같이 사무실 출입문이 서쪽인 경우에 좋지 못한 출입문이 되겠다. 동서남북 사방에서 서쪽인 酉 방향에 출입문이 나와 있다면 매우 좋지 않은 경우이다.

과거부터 우리 조상들은 주택을 지을 때 대문의 위치로 남쪽 대문 혹은 동쪽 대문을 매우 좋아했다. 이것은 이론적으로도 매우 간단하다.

남쪽은 햇빛이 잘 드는 곳이고 동쪽은 해가 제일 먼저 뜨는 곳이다.

우리 조상들이 대대손손 살아오면서 얻은 지혜일 것이다. 과거 조선시대에 우리 조상들은 양택의 구조와 좌향은 子坐午향으로 북쪽에서 남쪽을 바라보고 지었고 이렇게 대문을 내었다. 이것은 대문에 스며드는 기가 온화한 공기를 원하기 때문이다.

자연에 순응하면서 자연의 질서를 따르겠다는 심성에서 나온 생각들이다.

시대가 변하고 현대문명이 아무리 발전해도 우주가 변하지 않는 이상 풍수적인 학문에 이론이 변할 리가 없다.

더구나 양택의 이론은 주택이나 사무실, 가게 또는 점포 등을 포함하고 있다. 이것은 주택의 이론이나 다를 바가 없다.

출입문이 서쪽이라면 음양오행에서 金을 말함이다. 출입문을 열어두면 쇠의 기운이 자꾸 들어온다고 생각하면 매우 간단하다.

쇠가 자꾸 들어오는데 책상을 놓고 앉은 자리는 쉽게 말해서 木국이다.

나무자리에 앉아 있는데 쇠가 자꾸만 와서 치는 격이니 이를 두고 金극木이라 한다.

쇠가 나무를 치는 격이니 최악의 자리이다. 실제로 이렇게 앉아 있는 경우 수없이 조사해 보았지만 3년 내로 파산하고 심지어는 생명까지 위태롭다는 것이 풍수지리에서의 지론이다.

설령 3년을 넘긴다 해도 8년을 넘기는 예는 거의 없다. 사무실의 문에 따라 잘 맞추어 앉으면 만사가 형통한다면 믿겠는가?

이것은 매우 중요한 사실이다. 가령 출입문이 서쪽에 나와 있다 해도 책상을 놓고 앉을 때 다른 자리를 찾아서 앉는다면 이런 최악의 사태는 없을 것이다.

만약의 경우를 생각해서라도 출입문을 마주 보고 앉지 않는 것이 최상이다.

물론 방향을 정확하게 보고 좋은 자리를 차지하면 좋겠지만 그렇지 않더라도 임시처방으로 출입문과 마주하지 않는 것이 우선의 방책이다.

앉은자리 정력과 관계있다

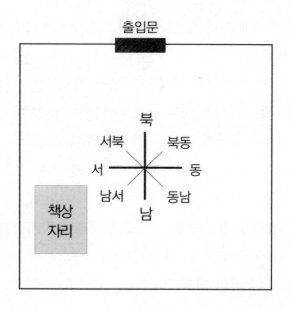

사무실 내에서 책상을 그림과 같이 놓고 앉게 되면 패가 망신하게 되는 자리배치이다. 모든 사물은 음과 양이 있고 그 속에는 오행이 존재하게 된다. 오행이란 목·화·토·금·수(木·火·土·金·水)를 말한다.

그런데 보통 사람들은 음양오행이라면 우선 거부반응을 보인다. 음양오행은 특별한 사람만 하는 학문으로 알고 있기 때문이다. 그리고 어떤 이들은 배우고 싶은데 한문 실력이 약해 배우기를 꺼리고 굉장히 어려운 것으로 알고 있기 때문에 우선은 접근하지 않으려 한다.

그런데 알고 보면 그렇지가 않다. 오행의 5자와 천간(天干)과 지지를 다 합해서 27자만 알면 쉽다.

우리는 매일 달력을 보면서 살고 있다. 달력에는 일월이 있고 火, 水, 木, 金, 土가 있는데 日은 태양으로 양이 되고 月은 달로서 음이 되며 나머지 화, 수, 목, 금, 토가 오행이다. 이것이 음양오행이므로 이것을 알게 되면 매우 쉽다고 생각할 것이다.

사무실의 출입문과 책상을 놓고 앉는 자리도 결국 음양과 오행으로 보게 되는 것이다. 출입문이 정북쪽이면 여기는 북쪽에서 한기가 스며드는 곳이라 오행에서 水가 되고 수는 바로 물을 의미하고 12지지에서 자(子)는 쥐를 말함이니 子좌라 하게 된다.

그런데 책상을 왜 하필 남서쪽에 놓았을까? 남서쪽은 오행에서 土국이다. 土는 땅을 말함이다. 土는 水는 얼마든지 흡수하게 되므로 이를 두고 土극水라 하게 된다.

이 자리에 1년 이상 앉아 있게 되면 돈을 따질 때가 아니다. 하필이면 제일 중요한 신장의 기능이 약해지게 되고 처음에는 정력이 뚝 떨어지게 되다가 끝내는 병이 악화되어 고전하게 되는 자리이다.

책상자리 사업운과 관계있다

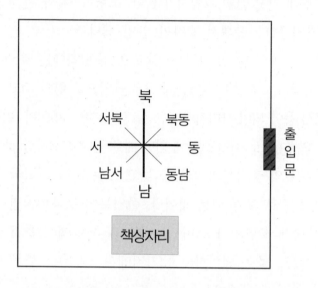

사업하는 사람의 성패 여부는 풍수적으로 보아 책상을 어떻게 놓고 앉느냐에 따라 달라진다. 통상적으로 책상자리를 풍수적으로 잘 맞는 위치에 놓고 사업하는 사람은 대부분 사업이 성장하게 되고 책상자리를 잘못 놓고 앉아 있는 사람이라면 실패하게 된다. 같은 사무실에서도 좋은 터가 있고 나쁜 터가 있기 때문이다. 학문적으로도 좋은 터를 골라서 앉게 되면 좋은 성과를 얻을 수 있을 것이다. 문제는 좋은 자리를 어떻게 골라 앉을 수 있느냐 하는 것이고 누구나 이러한 기술을 가지고 있지는 않다는 것이다.

그러나 양택 풍수지리란 사방팔방, 즉 방위의 학문으로서 공부를 꾸준히 하게 되면 어렵지 않게 좋은 자리를 찾아 앉을 수가 있다.

가령 출입문이 동쪽이라면 풍수지리로 묘문에 木국에 해당한다. 책상을 남쪽의 午좌에 놓게 되면 火국에 해당한다.

이것은 음양의 조화가 잘 맞는 금시발복의 자리배치이다. 卯문에 午좌에 책상자리는 음양이 잘 맞으므로 사무실 내에서 남자와 여자 직원이 다투지 않고 화합이 잘 되고 영업활동에도 활기가 가득하게 되므로 사업체가 나날이 번창하게 된다.

동쪽에 木국에 출입문에 책상을 남쪽에 놓고 앉게 되면 이것은 출입문에서 들어오는 木의 기운이 火를 도와서 상생해 주게 되므로 사업이 날로 번창하게 된다.

풍수인테리어는 金기와 水기로써 장식하거나 꾸며주는 것이 좋다. 그렇지 않으면 火기가 왕성해져서 심장질환이나 혈압이 염려스럽다.

사업이 번창하게 되어 사업체가 커지게 되면 자리를 옮기는 것이 좋다. 중소기업으로 만족한다면 장기적으로 앉아 있어도 좋은 자리배치이다.

명예와 권력을 얻는 자리

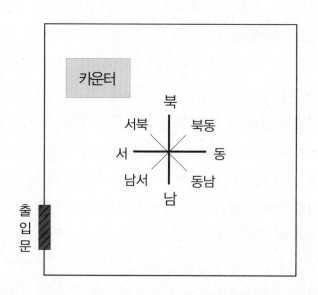

인간이 이 세상에서 살아가는 동안 부와 명예를 얻는다면 더 이상 바랄 게 없을지 모른다. 건강이 물론 가장 중요하지만 건강이 좋으면 명예와 부는 그 뒤를 따르게 된다. 풍수지리에서 책상자리를 잘 놓게 되면 부와 명예가 따른다고 하지만 사주의 운명도 잘 타고나야 할 것이다. 본인의 사주 운명을 잘 타고난 관계로 일이 잘 풀리고 좋은 자리를 찾아 앉는지도 모른다. 일이 잘 풀리지 않는 사람은 책상자리를 제대로 맞추어 앉지 못하는 것이 사실이다. 어떤 사람은 좋은 자리를 가르쳐주어도 대수롭지 않게 생각한다.

책상자리를 그렇게 앉는다고 해서 좋아질 리가 없다는 생각이다. 사람은 이 세상에 살면서 최선을 다하는 것이 본분이고 보면 본인에게 좋다는 게 있다면 사양하지 말고 실천을 하는 것이 좋다.

인간은 근본적으로 타고난 사주와 체질과 성격이 다르므로 무엇이든지 자기에게 맞는 성분이 따로 있다. 하물며 먹는 음식, 입는 옷의 색깔도 다르다고 했으니 본인에게 좋은 것이라면 무엇이든지 최선일지도 모른다.

필자가 풍수지리를 오랫동안 연구 경험한 바로는 출입문과 책상자리가 음양이 잘 맞는 사람에게는 고위층에 있는 권력가라도 더 승진하는 것은 물론이고 몸이 건강하고 마음도 편안하다는 것이다.

남서쪽 출입문 노모토는 최고의 재력이고 책상자리 노부금은 최고의 권력과 명예를 뜻한다. 그리고 오행이 土생金으로 더 이상 좋은 합이 없다는 것이다.

명예에 치우친 자리

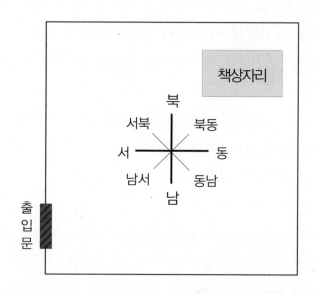

사무실에서 책상을 놓고 앉는 자리를 보면 사무실에서
돌아가는 상태를 쉽게 알 수 있다. 동서남북의 사방을 기
준으로 해서 사방팔방이 정해진다.

동서남북을 제외한 북동, 동남, 남서, 서북 사이사이 방
위인 사우방위를 포함해서 8방위가 되는 것이다.

그림과 같은 사무실의 구조에 따라 책상을 배열하다 보
면 출입문은 노부금인데 책상이 있는 자리는 소남토가 된
다. 이렇게 되면 돈을 억척스럽게 벌면서 쓰지는 않게 되

는데 이것은 자리의 탓도 있다.

그렇다고 돈을 쓰고 싶지 않아서 쓰지 않는 것이 아니라 주변 환경에 의해서 쓰지 못하고 있다가 쓸데없이 명예나 사소한 감투에 매혹되어 팍팍 쓰게 되는 격이다.

주변에서 무슨 자리를 맡아 달라, 무엇을 해달라는 주문에 의해 자신의 능력에 미치지도 않는데 과욕을 부려 돈이 나가게 되는 격이니 실제로 개인한테 필요한 곳에는 돈을 한 푼도 써보지 못하고 아끼다가 이러한 곳에 현혹되어 한꺼번에 써버리는 것이다.

살아가면서 근검절약하는 것까지는 좋았는데 앉는 자리를 잘못 앉아서 쓸데없는 낭비를 하게 되는 것이다.

위 출입문은 노부금이기 때문에 노부금이란 말 그대로 크고 명예로운 금이다.

金이 음양오행에서는 권력과 명예, 직위를 말한다. 더구나 노부금이란 가장 큰 金으로 金의 기운이 출입문으로 들어오게 되는데 책상을 놓은 자리는 소남토이기 때문에 서로 음양이 맞지 않는 것이다. 오행은 순행하지만 소남과 노부는 음양이 맞지 않는다. 소남이란 말 그대로 작은 土라서 학생에 비유한다. 그리고 토란 재물을 상징하는 것이다.

그러나 학생이란 용돈을 얻어서 쓰는 것이지 제 손으로

일해서 벌기에는 아직 어리다.

그러므로 용돈을 저축하여 틈틈이 모아둔 재산을 명예에 유혹되어 한꺼번에 다 써버리고 마는 것이다.

어떠한 사무실이라도 마찬가지이다. 자리를 이렇게 배열하고 앉는다면 수입보다 지출이 많다. 따라서 돈이 모이면 또 쓰게 되고 이를 반복하다 보면 돈을 모을 수 없다는 것이 풍수지리 해석이다. 그렇다면 최선의 방법은 책상자리를 바꾸어 앉는 것이다.

가게는 카운터를 잘 놓아야 한다

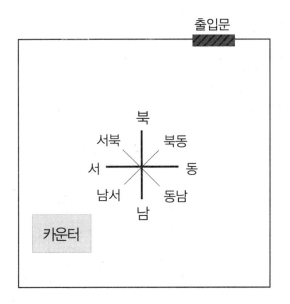

음식점은 카운터와 주방 그리고 출입문이 오행이 잘 맞아야 장사가 잘 되고 손님이 많이 몰린다. 물론 그 집에서 잘 만드는 특이한 음식이 있어야 되겠지만 음식점을 하려는 사람들은 누구나 자기 나름대로의 특기가 있기 때문에 음식솜씨가 있다든지 아니면 오래 종사하여 단골손님이 많다든지 하는 것은 기본적인 것이다.

하지만 어떤 사람은 장사가 잘 되어 돈을 많이 벌어들이는데 어떤 사람은 실패하는 것은 왜 그럴까 하고 한번쯤 생각해 봄직하다. 물론 개인적으로 운이 좋고 재물운이 있어서 그렇다고 생각할지 모른다.

하지만 풍수지리학적으로 봤을 때 운이 좋은 사람의 가게 구조는 계산대와 주방과 출입문이 잘 맞추어져 있다는 것이다. 이러한 가게에는 사람이 들끓게 되고 장사가 잘되어 부가 쌓이게 되는 것이 이치이다.

설령 장사가 잘 되고 돈이 들어오는 집이지만 이러한 삼합의 이치에 맞지 않는다면 건강이 나빠지든지 돈이 많이 들어오는 것 같지만 내부적으로는 적자로 인하여 쪼들리든지 하여 돈이 들어오는 것보다 나가는 것이 더 많다는 것이 풍수지리에서 보는 견해이다.

요즘 사람들은 '풍수지리' 하면 음택 풍수 즉 산에 묘를 쓸 때는 무척이나 신경을 많이 쓰면서도 양택 풍수에는 무관심한 경우가 많다. 따지고 보면 어느 한쪽도 소홀히 해서는 안 되는 것이다. 양택 풍수는 어떻게 하면 건강하고 명예롭게 살며 부도 누리고 윤택하게 살 것인가에 관한 내용이다.

식당을 하든지 가게를 운영하든지 간에 세심히 살피고 사전에 주방과 출입문 계산대를 잘 배치하는 등 손님을 받아들일 장소를 검토하여 맞추는 것이 현명한 일이다. 풍수지리에서는 오행을 따지기 전에 그 집의 구조에 따라 음양에서부터 집의 주가 있기 마련인데 그 주에 맞추어 출입문과 계산대를 분리하는 것이다. 만약 주인이 거주하고 있어야 할 자리에 거꾸로 손님을 앉힌다면 그 집의 운기는 나그네가 다 가져가고 마는 것이 풍수지리학의 이치이다. 이것은 사람이 결혼할 때 궁합을 보는 것과 같다. 서로 상충하는 자리배치는 좋지 않고 상생으로 잘 맞는 것이 금상첨화이다.

북쪽 문에 북쪽 카운터 수해나
물을 조심해야 한다

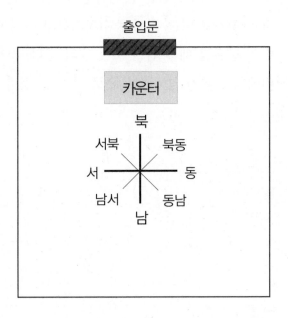

子문이면 방향이 북쪽에 있는 水국이다. 출입문이 북쪽의 子좌에 카운터를 놓고 앉게 되면 큰물인 양수가 되므로 음양에서는 맞으나 오행이 맞지 않는다.

북쪽 출입문에 북쪽으로 카운터를 놓고 앉게 되면 1년이 지나고 2년 내로 옮겨 앉아야 한다. 잠깐 동안의 발복은 있으나 장기적이지 못하므로 오래도록 있으면 적자를 면치 못하게 되어 좋지 않다.

출입문이 북쪽 子門에 북쪽의 子좌에 카운터를 놓고 앉게 되면 양수가 겹치므로 돈을 벌어도 흘러나가게 되는 격이다.

그리고 많은 양수가 겹치게 되면 수해로 인하여 손해를 보게 된다. 수해나 물을 조심해야 한다.

북쪽 출입문에 북쪽으로 카운터를 놓고 앉게 되면 상점 내 음양의 조화가 맞지 않으므로 분위기가 화목하지 못하고 매출에도 실적이 없다.

북쪽 출입문에 북쪽으로 카운터를 놓고 앉게 되면 水기가 범람하게 되니 첫째는 신장에 병이 오게 되고 둘째는 심장이 약해져서 심장병이 오게 된다. 심신이 허약한 채로 오래가면 사망할 수도 있다.

북쪽 출입문에 북쪽으로 카운터를 놓고 앉게 되면 옛말에 출입문을 등지고 앉지 말라 했는데 이것이 바로 등을 돌리고 앉은 격이니 매우 좋지 않다. 출입문에서 들어오는 기운을 받아들이지 못하게 된다.

북쪽 문에 북동쪽 카운터 관재수 따른다

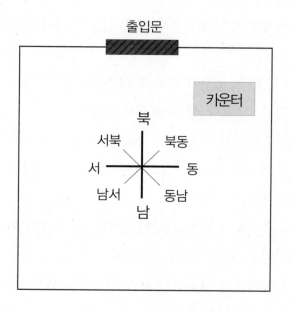

출입문

카운터

북
서북   북동
서   동
남서   동남
남

子문은 북쪽에 水국이다. 카운터를 북동쪽 艮좌에 놓게 되면 오행으로 土국이다. 土와 水는 상극으로서 불배합의 자리이다.

북쪽 출입문에 북동쪽으로 카운터를 놓고 앉게 되면 사무실 내에 중간 간부가 다치거나 회사를 그만두게 되어 말썽이 잦다.

뒤이어서 신입직원도 일을 저지르거나 좋지 않다. 子문

에 艮좌에 카운터를 놓으면 1년 내로 상점은 적자 내지 관재구설수로 인하여 파산하게 되므로 흉한 배열이다.

북쪽 子문에 북동쪽 艮좌에 카운터를 놓고 앉아 있으면 남자 직원들끼리 마음이 맞지 않아 다투게 되고 상대적으로 여자 직원들이 몸을 붙일 곳이 없으니 사무실 내에 여직원이 없게 된다.

1년 내로 회사에서는 신입직원이 다치거나 회사를 그만두게 된다. 신입직원이 줄게 되니 사업도 발전이 없게 된다.

음양의 조화가 맞지 않고 오행도 맞지 않는 자리가 되어 사업이 부진해지고 재물이 줄어들게 된다.

북쪽 문에 동쪽 카운터 승승장구 한다

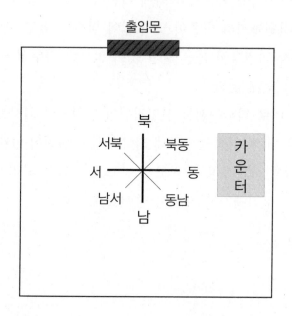

출입문

북
서북 / 북동
서 — 동
남서 / 동남
남

카운터

子문은 북쪽에 水국이다. 카운터를 卯좌에 놓게 되면 동쪽에 木국이 된다. 출입문에서 들어오는 生기는 카운터의 목(木)을 키우게 되니 상생하는 자리로서 대단히 좋은 자리배치이다.

子문 卯좌에 카운터는 출입문에서 들어오는 水기가 사장의 자리를 키우게 된다. 영업장에서 사원들과 사장은 뜻이 맞고 의견의 충돌이 없으니 승승장구하게 된다.

子문 卯좌에 카운터를 놓게 되면 1년 내지 3년 단위로 발운이 따르며 대운에서는 10년 내지 30년마다 크게 발운이 따르게 된다.

출입문이 정북쪽에 子문이면 水국인데 카운터를 정동쪽의 木국에 놓고 앉게 되면 출입문에서 들어오는 水기는 木을 키우게 되므로 사업이 한없이 발전하게 된다. 8년 정도 지나서 옮겨 앉게 되면 큰 사업을 할 수 있다.

북쪽 문에 동남쪽 카운터 사업 확장한다

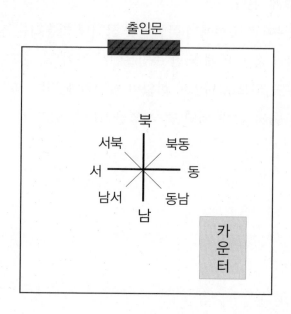

子문은 정북향에 水국이고 카운터 자리는 동남쪽에 巽좌로서 木국이다. 水생木으로 상생하는 자리로서 대길하게 된다.

子문의 巽좌에 카운터를 놓게 되면 1년 내지 3년 단위로 발운이 따르게 되고 재산이 쌓이게 되고 직원의 수도 늘어나게 된다.

子문의 巽좌에 카운터를 놓게 되면 여자 직원들의 도움

이 크고 나이 많은 여성을 채용하는 것이 좋다.

남자 직원들은 젊은 사람들이 활동하게 되니 사무실 내에 활기를 띠게 된다.

子문의 巽좌에 카운터를 놓게 되면 3년 내지 8년 내에 큰 사업으로 발전할 것이다.

오래가면 자리를 일단 옮기는 것도 하나의 방법이다.

출입문이 子문이면 정북쪽이 水국인데 출입문에서는 항상 水기가 들어오게 된다.

출입문은 사람으로 비유하면 입에 해당한다. 입이 바로 붙어 있으므로 음식물을 받아서 소화하여 위장에서 영양을 섭취하여 건강하듯이 출입문과 앉는 자리도 정도를 지켜야 한다.

3년 내지 8년 동안에 크게 발복이 있었다면 그 후에는 옮기는 것이 좋다.

북쪽 문에 남쪽 카운터 단기적 성장이다

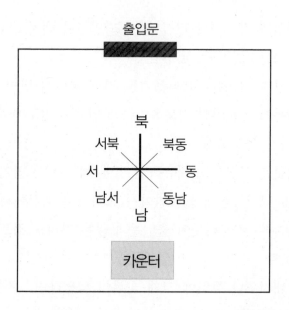

子문에 카운터를 남쪽 午좌에 놓게 되면 역학에서 水火는 극이 되지만 풍수지리에서는 음양의 근본으로서 남쪽과 북쪽이 만물의 근원 역할을 한다. 그래서 길한 자리배치이다.

子문 午좌에 카운터를 놓고 앉게 되면 음양이 잘 맞으므로 남녀 직원들이 화합하면서 일에 열중하게 되고 2년 내로 크게 발운이 있게 된다.

단기적으로는 크게 성장하게 되지만 장기적으로는 곤란하다. 1년 내지 2년 내로 발운이 있게 되면 자리를 옮겨야 한다.

출입문이 정북쪽의 水국이라면 사무실로 水기가 계속 들어오게 된다. 뜨거운 火가 왕성한데 시원한 水기가 식혀 주게 되어 좋을 것 같으나 오래가면 불이 꺼지게 된다.

정북쪽 출입문에 정남쪽으로 카운터를 놓고 앉은 채로 오래가면 좋지 않다. 사장은 여자로 인해 손해를 입게 되고 가정에서는 공처가가 된다.

정북쪽 출입문에 정남쪽으로 카운터를 놓고 앉은 채로 오래가면 심장이 약해지고 나중에는 사업이 기울게 된다.

북쪽 문에 남서쪽 카운터 파산한다

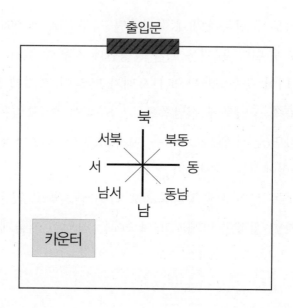

子문은 정북의 水국이다. 카운터 자리는 坤좌로서 남서
쪽의 土국이 된다. 오행이 土극水로 상극이 되는 자리배치
이다.

子문 坤좌에 앉게 되면 1년 내로 매출이 부진해진다.

子문 坤좌에 카운터를 놓게 되면 음이 왕성하여 여자들
이 기승을 부리게 되고 남자 직원들은 기를 펴지 못하고
특히 사무실 내에서 관재구설수에 휘말린다.

출입문이 정북쪽에 있다면 중남수가 된다. 그런데 카운터를 남서쪽에 놓게 되면 남서쪽은 노모토가 된다. 土는 水를 극하게 되므로 土극水가 되어서 출입문과 상극이 되는 자리가 된다.

子문에서 들어오는 생기는 水기가 계속 들어오게 되는데 사무실에서는 그 귀한 水기를 잘 살려서 응용해야 마땅하다. 그런데 한 번도 활용해 보지 못한 채 허비해 버리는 격이니 자금이 들어와도 사업에 활용해 보지 못하고 낭비를 하게 된다.

출입문이 子좌인데 카운터를 놓고 앉는 자리가 노모토 자리라면 土는 水를 극하므로 첫째는 사원들이 힘을 펴지 못하고 둘째는 사장의 신장이 약해지게 되니 건강이 나빠지게 된다. 1년을 넘기기 힘들고 결국은 파산하게 된다.

북쪽 문에 서쪽 카운터 경영부실이다

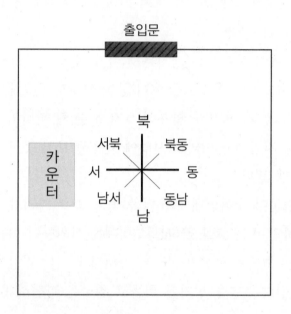

子문이면 정북쪽에 水국이다. 카운터를 酉좌에 놓게 되면 서쪽의 金국이다. 출입문이란 카운터 자리와 음양의 관계가 분명해야 하고 오행이 순행해야 한다. 이것은 음양에서 맞지 않으므로 불배합의 자리이다.

子문 酉좌에 카운터를 놓게 되면 여직원이 오랫동안 근무할 수 있는 조건이 되지 못한다.

子문 酉좌에 카운터를 놓게 되면 많은 水의 기운이 침범하여 작은 金을 덮어 버리므로 작은 명성과 적은 자본으로 순식간에 경영이 부실해진다.

子문 酉좌에 카운터를 놓게 되면 1년 내로 흉격이 찾아드니 오래 버틴다 해도 4년까지 가지 못하고 파산하게 된다.

子문 서쪽에 카운터를 놓고 앉게 되면 자금이 부족하여 사업장의 운영이 어렵게 되고 1년 내에 신용이 떨어지고 결국 부도가 나게 된다. 출입문이란 앉는 자리와 음양의 관계가 분명해야 하고 오행이 순행해야 한다.

子문 酉좌에 앉게 되면 원장이나 사장은 폐, 기관지병으로 시달리고 특히 홍수를 조심해야 한다. 오래가면 수해나 水로 인하여 피해를 입게 된다.

북쪽 문에 서북쪽 카운터 파산하고 부도난다

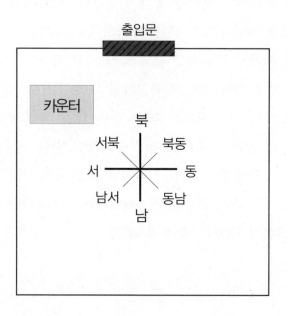

출입문이 子문이면 북쪽에 水국이다. 카운터를 乾좌에 놓게 되면 서북쪽의 金국이 된다. 출입문에서 들어오는 水기로 인하여 사장이 일찍 자리에서 물러나게 된다.

子문에 乾좌는 카운터에서 양이 왕성하고 상대적으로 음이 쇠하게 된다. 음양의 부조화로 영업장은 활기가 없게 된다.

子문에 乾좌는 외부에서 찾아오는 거래처의 손님과 사

장의 뜻이 맞지 않아 사장의 신경이 날카롭고 예민해지고 매출이 줄어든다.

출입문이 정북쪽 水국인데 카운터를 서북쪽에 놓고 앉게 되면 서북쪽은 노부금이다. 오행에서는 金은 물을 배설한다 하여 순행인 것 같으나 이것은 그렇지가 않다. 노부금은 늙은 金이니 껍데기만 남은 것이나 다름없다.

정북쪽 水국 출입문에 서북쪽의 노부금에 앉게 되면 1년 내로 사망하거나 사업이 파산하여 부도가 나게 된다. 너무 많은 물을 감당하기가 어려우니 수해를 조심하고 특히 물(水)을 조심해야 한다.

출입문이 정북쪽 水국인데 서북쪽에 카운터를 놓고 앉게 되면 직원들이 사장의 기를 누르게 되니 사장은 폐, 기관지병으로 고생하고 끝내는 파산하게 된다.

북동쪽 문에 북쪽 카운터
1년 내로 패가망신을 한다

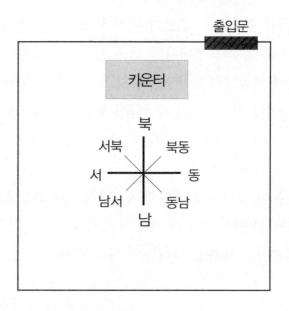

출입문은 사람에 비유하면 입에 해당하는 곳이다. 가게나 식당, 병원 등 각종 영업소에서 출입문이 어느 쪽으로 나와 있느냐가 가장 중요한 관건이 된다.

각 업소에 따라 출입문이 잘 나와 있어야 하고 출입문에 따라 카운터를 어느 곳에 놓고 앉아 있느냐에 따라 장사의 성패가 달려 있다. 가령 출입문이 북동쪽인데 카운터를 북쪽에 놓고 앉았다면 이것은 큰일이다. 1년 내로 패가망신을 하기 때문이다.

출입문이 북동쪽이라면『주역』8괘에서 소남토가 되어 土기가 출입문으로 들어오게 된다. 출입문에서 들어오는 기운을 잘 살려서 활용해야 한다. 그런데 오히려 극이 되는 곳에 카운터를 놓았다. 그렇다면 이것은 얼마 가지 않아 망하는 자리이다.

카운터를 놓고 앉은 자리는 북쪽에 水국이다. 水는 중남수이고 가장 왕성하고 강한 물이므로 많은 물이 출입문에서 들어오는데 카운터의 土의 기운을 휩쓸어버리게 되어 돈과 건강이 성치 못하게 된다.

당뇨병이 오고 혈압이 높아지게 되니 건강은 진퇴양난이 아닐 수 없다.

그리고 주인집 자식이 말썽을 부리고 막내 자식은 5년 내로 사고를 당하게 되므로 좋지 않은 자리임에 틀림없다.

북동쪽 문에 동쪽 카운터
3년 내로 재정이 바닥난다

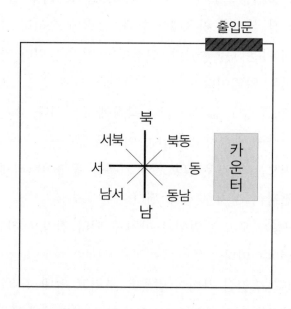

출입문

북
서북　　북동
서　　　　　동
남서　　동남
남

카운터

영업점이라면 카운터 자리를 잘 놓아야 재산이 모이게
된다. 처음에는 매상이 올라도 카운터를 잘못 놓았다면 나
중에는 적자를 면키 어렵다.

카운터를 잘 놓는다는 말은 출입문과 카운터의 음양이
잘 맞아야 한다는 뜻이다. 어떤 이들은 출입문이 잘 나오
면 장사가 잘 된다고 한다. 그러나 정확하게 말하면 출입

문에 알맞게 카운터 자리를 잘 배치해야 한다는 뜻이다.

출입문에서 어떠한 기운이 들어오는지를 분명히 알아야 한다. 출입문이 북동쪽이라면 『주역』 8괘에서 소남토 자리이다. 이곳에 출입문이 있다면 土기가 들어오게 된다.

그 土기를 실내에서 잘 관리해 주어야 한다. 그런데 반대로 土기를 다스리지 못하면 매사가 잘 풀리지 않고 앞날이 막막하다.

카운터 자리는 동쪽에 木국이다. 木은 土를 극한다. 모든 오행은 순행의 이치가 되어야 하는데 반대로 木극土로서 극을 하면 좋지 못하다.

만약 위 그림처럼 카운터를 놓았다면 3년 내로 재정은 바닥나게 된다.

사장은 속을 끓이다 못해 위장병으로 고생하게 되고 끝내는 당뇨병으로 이어지게 된다. 이토록 카운터 자리 하나를 소홀히 했다가 일생을 그르치는 경우가 생기게 된다. 영업을 시작하거나 시설을 할 때 풍수인테리어에 신경을 쓴다면 이러한 폐단을 막을 수 있을 것이다.

북동쪽 문에 동남쪽 카운터 빚만 남게 된다

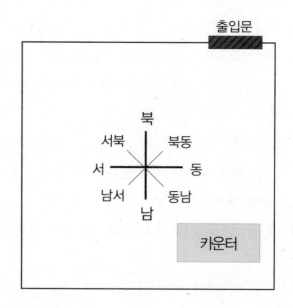

출입문 위치에 따라 카운터 자리도 잘 놓아야 한다. 출입문이 잘못 나와 있어서 장사가 안 된다든지, 손님이 없다든지 하는 말은 괜한 소리이다. 사람도 체구에 맞추어 옷을 입게 된다. 체구가 큰 사람은 옷을 크게 맞추고 체구가 작은 사람은 옷을 작게 맞추어 입는다. 출입문이 사정방위와 사우방위의 8방위 중에서 어느 위치에 나와 있든지 출입문에 맞추어 카운터 자리를 선택해서 앉아야 하는 것이다.

출입문이 북동쪽이라면 『주역』 8괘에서는 소남토가 된다. 소남토란 작은 土이다. 출입문에서 토의 기운이 들어오게 되므로 그 기운을 가게에서 잘 살려 활용하면 된다. 土의 기운이 바로 그 가게에서는 자원이 되는 것이다. 그런데 동남쪽 카운터 배치라면 체구가 작은 사람에게 큰 옷을 입히게 되는 꼴이다.

출입문에서 들어오는 土의 기운보다 카운터 자리에서 관리하는 木의 기운이 크다. 분수에 맞지 않는 지출을 하게 되고 들어오는 돈보다 지출이 늘어나게 되므로 결국 적자를 면치 못하고 부도가 나거나 빚이 잔뜩 남게 된다.

북동쪽 소남토 출입문에 동남쪽의 장남목에 카운터를 놓게 되면 아들이 말썽을 부리고 주인은 만성적인 당뇨병에 시달리게 된다.

북동쪽 문에 남쪽 카운터
2년 내로 망하는 자리다

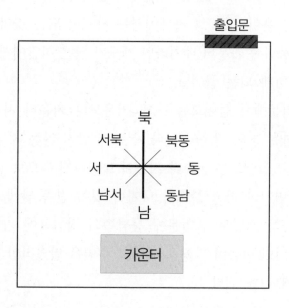

출입문이 북동쪽이라면 『주역』 8괘에서 소남토의 문이
고 카운터를 놓은 자리는 남쪽 火국의 중녀화 자리이다.

이 가게는 어떠한 업종으로 장사를 해도 2년 내로 망하
게 된다. 하필이면 왜 2년이냐고 할 것이다. 그것은 카운
터 자리가 火국이므로 火는 오행 수리로는 2에 해당되므
로 결국 2년 내로 망하는 자리이다.

이러한 자리배치는 음양오행을 제대로 공부하지 못한 반풍수가 놓았을 것이다. 예부터 '반풍수 집안 망친다'는 속담이 있다.

모든 사물은 음과 양이 있고 크고 작은 것이 존재한다. 그런데 위 그림은 오행으로만 계산했기 때문이다.

火는 土)를 생하게 되는 상생작용으로서 火生土만 생각하여 돈이 벌린다는 얄팍한 생각이다.

그러면 火가 土를 생하기는 하나 火는 큰 불덩어리요 土는 작은 땅덩어리에 속하는 것이다.

간단히 말해서 어린이에게 큰일을 맡기는 격이어서 이렇게 카운터를 맞추게 되면 십중팔구는 망하게 되고 2년 내로 손들고 마는 것이다.

끝내는 고질적인 당뇨병으로 발전할 수 있으니 돈 잃고 건강마저 잃게 되므로 좋지 않은 자리가 된다.

북동쪽 문에 남서쪽 카운터
알부자 되는 자리다

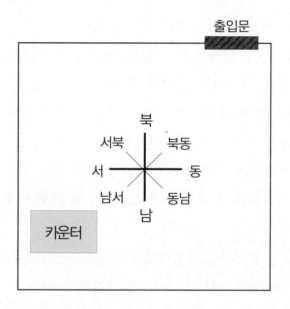

출입문이 북동쪽이라고 해서 모두 나쁜 것만은 아니다. 출입문에 따라 카운터를 잘 맞추어 앉기만 하면 천금이 내 것이 된다. 어떤 이는 북동쪽의 출입문은 귀문방이 되어서 돈이 적게 들어온다고 한다. 그러나 돈이 적게 들어와도 쓸모가 있는 소위 거품이 제거된 알찬 돈이 들어오게 된다. 그렇다면 알차고 야무진 돈을 잘 관리할 수 있는 주인이 있어야 할 것이다.

돈을 관리할 수 있는 자리는 바로 카운터가 되는데 가게나 사무실이나 할 것 없이 카운터는 정부로 말하자면 기획재정부가 되는 것이다.

나라의 경제가 원활하게 돌아가려면 기획재정부에서 잘 관리해야 하듯이 가게나 사무실 내지는 사업처도 카운터에서 돈을 함부로 지불한다든지 헛되게 낭비하면 그 가게는 오래가지 못하고 적자로 돌아서게 된다.

남서쪽은 『주역』 8괘에서 노모토이다. 할머니들이 술을 마신다든지 노름을 한다든지 하여 돈을 헛되게 쓰는 일이 없다.

할머니 또는 어머니는 자식이나 손자들 생각으로 돈을 한 푼도 헛되게 쓰지 않는다. 돈만 생기면 주머니 속으로 들어가게 된다.

그런데 한 가지 흠이 있다면 이러한 출입문에 카운터를 놓게 되면 주위 사람들에게 '노랑이'라는 소리를 들을 수 있다는 것이다. 그러나 재물이 점차로 쌓이니 5년 내로 알부자가 된다.

북동쪽 문에 서쪽 카운터
4년 내로 돈을 벌 수 있다

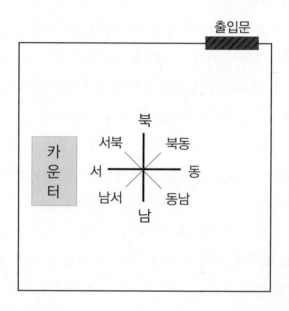

영업을 하려면 제일 먼저 사장이 카운터를 잘 놓아야 한다. 사장의 카운터를 출입문과 맞추어 놓아야 하고 가게나 점포라면 두말할 나위 없이 카운터를 잘 놓아야 한다.

출입문이 북동쪽에서 나와 있다. 북동쪽은 소남토라서 작은 土이다. 출입문에서 土의 기운이 들어오게 되고 카운터 자리는 서쪽에 소녀금으로 작은 金에 해당된다.

작은 토와 작은 금이 음양을 이루고 앉아 있으니 이것은 천생연분 자리이다. 상점의 구조가 이렇게 되었다면 틀림없이 4년 내로 알차게 돈을 벌 수 있다. 그러나 크게 돈을 벌어서 재벌이 된다는 생각은 아예 버리는 것이 좋다.

적당히 벌어서 열심히 일하고 소박하게 살아가는 데에는 하자가 없다.

가정이 편안하고 가족들의 건강이 좋으며 마음이 편안한 것이다. 가령 돈을 많이 벌어들인다고 해도 가정이 편안하지 않고 집안에 우환이 들게 된다면 이것은 불행한 일이다.

그런데 위 자리배치는 틀림없이 부와 귀가 따르게 된다. 실제로 출장감정을 해보면 역시 출입문이 제일이요, 그 다음이 카운터를 의미하게 된다.

어느 곳이던지 패철을 놓고 계산해 보면 그 집안의 돌아가는 사항을 일일이 알 수 있다.

북동쪽 문에 서북쪽 카운터
재산이 모이지 않는 자리다

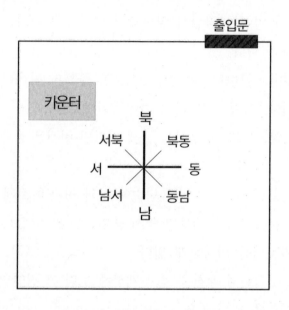

출입문이 북동쪽이라면 『주역』 8괘에서 소남토이다. 소남은 어린 학생을 뜻한다. 어린 학생은 크게 재물을 가질 수 없다. 그런데 카운터를 놓고 앉은 자리는 매우 큰 자리이다. 서북쪽은 노부금으로 노부금이란 큰 金을 뜻한다. 큰 금이란 명예와 벼슬, 권력 등을 뜻한다.

출입문에서 土의 기운이 들어오는데 土와 金은 토생금

하여 상생하게 된다. 출입문과 카운터를 놓고 앉는 자리가 흉격은 아니다.

그러나 상점은 매출이 늘어나지 않고서는 큰돈을 벌 수가 없다. 이러한 상점에는 큰돈이 들어오지 않는다.

보석은 숨겨놓고 금은 흙으로 덮어주어야 값어치가 있다. 출입문에서 들어오는 작은 土로써 큰 金을 감당하기가 매우 어렵다.

북동쪽 출입문에 서북쪽의 카운터를 놓고 앉아 있게 되면 명예를 위해서 돈을 낭비를 하는 예가 많고 수입을 능가하게 되므로 재물 또한 크게 모이지 않게 된다.

4년까지 유지하게 되지만 4년이 지나면 적자로 돌아서게 되니 끝내는 발복이 없게 된다.

모든 사물은 음과 양이 존재하고 크고 작은 혹은 높고 낮음이 있는 법이다.

동쪽 문에 동쪽 카운터 3년 간다

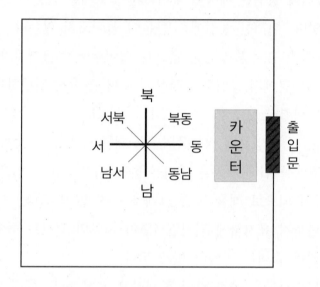

卯문이면 동쪽에 장남목으로 木국이다. 카운터도 동쪽 卯좌에 놓게 되면 같은 木이 된다. 木은 원래 자라나는 현상이므로 재산이 불어나고 장사가 잘 되는 자리이다. 그러나 동쪽 출입문이 卯좌고 동쪽에다 카운터를 놓는다면 쌍목이 되는 자리로서 오래도록 발복하지는 못한다.

동쪽의 출입문에 동쪽 책상자리에 앉게 되면 자칫 출입문을 등지고 앉게 되는 현상이므로 주의해야 한다. 동서사택 배합이 맞다 해도 오래가면 좋지 못하다.

3년까지는 발운이 따르지만 그 이후에는 적자를 보게 되므로 장기적으로 앉게 되면 끝내는 파산하게 된다.

모든 사물은 음양과 오행이 상생하는 가운데에서 발전을 가져오게 된다. 사무실 내에 여자 직원이 줄어들고 음양의 조화가 맞지 않게 된다.

木국이 출입문인데 카운터마저 木국에 놓게 되면 음양의 조화가 맞지 않고 단순하여 더 이상 발전이 없다. 卯문이면 출입문에서 木기가 계속 들어오게 된다. 그래서 밀림지대에 비유할 수 있다. 3년이 지나면 水기가 고갈되어 화재의 위험이 높다. 끝내는 신장의 기능이 약해지고 간장이 나빠진다. 그러니 3년을 넘기지 말고 옮겨야 한다.

동쪽 문에 동남쪽 카운터
사업이 번창하게 된다

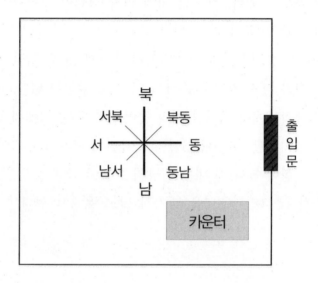

동쪽 출입문은 卯문에 장남목이다. 동남쪽 巽좌에 장녀목 자리에 카운터를 놓게 되면 장남과 장녀는 음양이 잘 맞는 자리가 된다.

卯문의 巽좌에 카운터를 놓게 되면 남녀가 만났으니 사업이 잘 되고 번창하게 된다.

그러나 木기가 강하여 상점 내에서 근무하는 사람들은 신장의 기능이 저하되므로 水기를 보충해야 한다.

3년까지 발운이 따르게 되므로 상점이 번창하고 오래가면 좋지 못하다.

음양은 잘 맞으나 오행이 맞지 않으므로 오래가면 내분이 일어나게 되니 동업자 간에 싸우게 되므로 오랫동안 앉을 자리는 못 된다.

卯문이면 동쪽의 출입문인데 동남쪽 책상에 앉게 되면 출입문과 카운터 자리는 쌍목이 되어 오래가면 크게 발전이 없고 간장과 신장이 악화되므로 3년을 넘기지 말고 옮기는 것이 좋다.

동쪽 문에 남쪽 카운터
금시발복하는 자리다

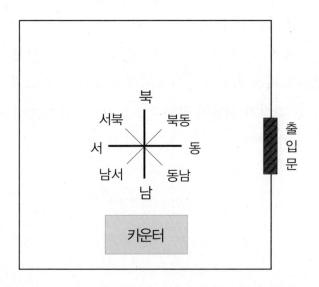

출입문이 卯문으로 동쪽에 木국이다. 책상을 남쪽 午좌에 놓으면 火국이다. 음양의 조화가 잘 맞고 금시발복이 있는 자리배치이다. 사무실 내에서 남녀 직원의 화합이 잘 되고 영업활동에 활기가 가득하다.

2년, 3년 주기로 발운이 따르고 사업체가 급부상하여 대기업을 이룰 수 있다.

그러나 사무실에 火기가 강하여 화재의 위험이 있으므

로 업종은 물(水)에 해당하는 사업을 하거나 사무실에서도 어항, 정수기 등으로 물을 비치해 두어야 한다.

동쪽 출입문에 남쪽 카운터를 놓고 앉게 되면 출입문에서 들어오는 木의 기운이 남쪽 火의 기운을 생하여 사업이 날로 번창하게 된다.

풍수인테리어로 金기와 水기로써 보충하는 것이 좋다.

사업이 번창하여 커지면 자리를 옮기는 것이 좋다. 중소기업으로 만족한다면 장기적으로 앉아도 좋은 카운터 배치이다.

동쪽 문에 남서쪽 카운터
3년 내로 파산하는 자리다

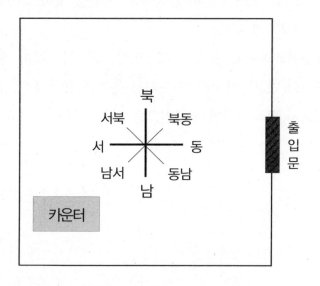

출입문이 동쪽에 卯문이면 木국이다. 카운터를 남서쪽
坤좌에 놓게 되면 土국이다. 출입문에서 들어오는 木기는
카운터 자리의 土기를 극하게 되므로 음양과 오행에서 불
배합의 자리배치이다.

卯문 坤좌에 카운터는 사장이 돈을 지키려 해도 직원들
에게 돈을 많이 쓰게 되므로 매번 적자가 쌓이게 된다.

양이 왕성하여 남자 직원은 천방지축이고 상대적으로

여자 직원은 일에 시달리게 되므로 음양의 조화가 맞지 않는다.

3년 내로 자본이 바닥나고 파산하게 된다. 木극土로서 음양과 오행이 맞지 않게 된다.

출입문이 동쪽이면 장남목이 된다. 그런데 카운터를 남서쪽에 놓고 앉게 되면 남서쪽은 노모토가 된다.

이것은 음양과 오행이 맞지 않는다. 양택의 『주역』8괘에서는 정확하게 음양을 나누게 되는데 여기에서 음양이란 동사택과 서사택에 해당된다. 음은 음으로 나누어지고 양은 양으로 나누어지게 되는 것이다.

출입문이 동쪽인데 남서쪽에 카운터를 놓고 앉게 되면 출입문에서 들어오는 木기가 왕성하여 土를 극하게 되니 재정이 바닥나게 된다. 건강은 위장이 나빠지게 된다. 3년 내로 자리를 옮기지 않으면 끝내는 관재구설수와 시비에 시달리게 된다.

동쪽 문에 서쪽 카운터
출입문 마주 보고 앉지 마라

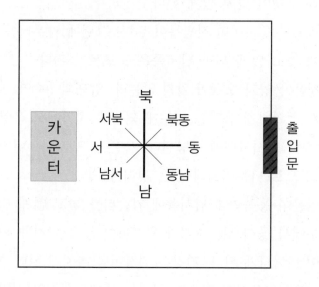

출입문이 동쪽에 卯문이면 木국으로서 장남목이다. 카운터가 서쪽에 소녀금 자리에 있으니 金과 木이 마주 보고 극을 하게 되므로 金극木이 되는 배치이다.

회사 내에서 여직원이 소란을 피우게 되고 남자 직원들은 영업에 지장을 받게 된다. 3년 내에 관재구설수와 액운이 따르게 되니 회사가 문을 닫게 된다. 매사가 부딪치는 것이니 정면승부는 피하는 것이 좋다. 예부터 출입문을 마주 보고 앉지 말라는 속담이 있다. 이곳은 3년 내로 파산하게 된다.

교통사고가 빈번하고 외부와 부딪치는 일이 빈번하다. 동쪽의 출입문이면 장남목이고 서쪽은 소녀금이 된다. 소녀금이란 작은 金이다.

나무와 쇠가 부딪치면 나무가 상하게 되지만 작은 쇠와 큰 나무가 부딪치게 되면 작은 쇠가 찌그러지게 된다.

동쪽 출입문에서는 木의 기운이 들어오고 있는데 주인이 金국의 성격에 앉아 있게 되면 손님과 주인은 의견이 충돌하게 되므로 피해를 끼치게 된다.

동쪽 문에 서북쪽 카운터 교통사고 난다

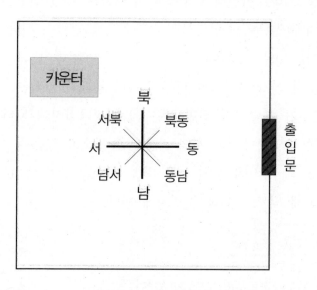

출입문이 동쪽에 卯문이면 木국으로 장남목이다. 카운터는 서북쪽에 乾좌로서 金국이다. 출입문과 카운터가 금극목 자리로 상극의 자리배치이다.

사무실이 대단히 소란스럽고 다툼이 심하여 사업이 부진하게 된다. 교통사고 등 관재구설수에 시달리게 된다.

3년 내로 각종 관재구설수와 시비로 직원들이 줄어들게 된다. 양이 왕성하여 남자끼리 다투게 되고 상대적으로 음이 쇠하여 여자 직원의 수가 줄어들게 된다.

동쪽 출입문에서 들어오는 기운은 木의 기운인데 서북쪽 카운터에 앉게 되면 제일 먼저 사장의 간이 나빠지고 건강을 잃게 된다.

동쪽 문에 북쪽 카운터
승승장구하는 자리다

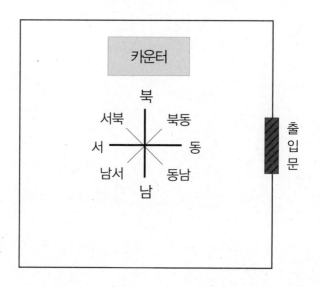

출입문이 동쪽에 卯문이면 木국으로서 장남목이다. 子좌에 카운터를 놓으면 정북쪽에 水국의 자리이다. 水생木으로 상생하는 대단히 좋은 자리가 된다.

子좌는 중남수로서 水는 자동적으로 木을 돕게 되고 사무실로 찾아드는 고객과 뜻이 잘 맞으므로 사업이 저절로 활기를 찾게 된다.

1년 내지 3년 주기로 발복이 있게 되고 사업이 크게 확장된다.

여자 직원들이 오래 견디지 못하게 되고 남자 직원들은 영업활동이 매우 활발하다. 오래도록 앉아 있어도 무방하다. 10년 내지 13년 주기로 발운이 찾아들게 된다.

출입문에서 들어오는 木의 기운을 카운터 자리에서 받게 되므로 승승장구하게 된다. 제조업을 하는 업체라면 크게 발전을 가져오게 된다.

동쪽 문에 북동쪽 카운터
3년 내로 파산한다

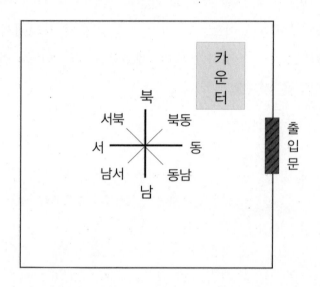

출입문이 卯문이면 정동쪽에 木국이다. 그런데 카운터
를 북동쪽 艮좌에 놓는다면 土국이 된다. 목극토가 되니
불배합이다.

적은 자본으로 운영하게 되고 직원들이 외부에서 활동
하면서 자본을 탕진하게 된다.

남자 직원끼리 다투고 시비가 잦고 상대적으로 여자 직
원이 줄어들고 음양의 조화가 맞지 않는다.

사무실 내 신입직원들은 오래 있지 못하여 회사에 발전을 가져올 수 없다.

출입문에서는 木의 기운이 들어오게 되는데 카운터를 놓고 앉은 방위는 북동쪽에 소남토로서 土의 기운이다. 土와 木은 상극으로 3년 내로 파산하게 된다.

동쪽에서 들어오는 木기는 사장을 극하게 되므로 하는 일마다 시비가 생기고 관재구설수와 마찰로 인하여 시달리게 된다.

사장이 당뇨병에 시달리고 돈 잃고 건강마저 잃게 되는 격이다. 끝내는 혈병에 걸리게 된다.

동남쪽 문에 동남쪽 카운터
신장이 나빠진다

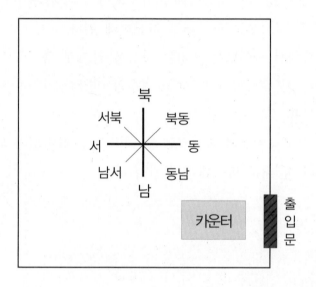

출입문이 동남쪽 巽문에 木국으로 나와 있다. 카운터 자리도 동남쪽의 巽좌에 놓았다. 일시적으로 발운이 있게 된다. 음양에서는 배합이 되지만 오행이 맞지 않는 자리배치이다.

2개의 木이 겹치게 되니 사무실 내 직원들이 분주하고 바쁘게 움직이게 된다. 3년까지는 발전이 있으나 크게 재산이 모이지는 않는다.

6년 내에 자리를 옮기는 것이 좋다. 음양의 상생이 없어서 오래가면 기운이 시들게 되고 재산이 줄어들게 된다.

사무실 내 음이 강하여 여자 직원들이 득세하게 되고 양이 쇠하므로 남자들의 활동이 부진하다.

금시발복이 있으나 3년 내로 카운터를 옮겨 앉아야 한다. 출입문에서 木기가 들어오게 되는데 동남쪽에 카운터를 놓으면 자칫 출입문을 등지고 앉을 수 있다. 그렇게 되면 사장은 간장에 손상을 입는다.

동남쪽 출입문에 동남쪽에 카운터를 놓고 앉게 되면 3년 내로 신장이 나빠지게 되고 건강이 악화된다. 모든 건강은 신장이 첫 번째로 신장이 나빠지면 매사가 뜻대로 되지 않는다.

음양에서는 불배합이 아니다. 그러나 오행이 맞지 않는 자리이다.

동남쪽 문에 남쪽 카운터
3년 내로 큰돈 번다

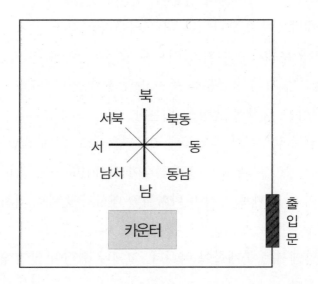

출입문이 동남쪽에 巽坐로서 木국이다. 카운터를 남쪽에 놓는다면 午坐에 火국이다. 木生火로 발복을 하게 되니 길한 자리이다.

巽문의 午坐에 앉게 되면 2년 내지 3년 내로 큰돈을 벌어들일 수 있다. 여자 직원을 많이 채용하게 되고 여자 직원들에 의해서 영업이 이끌려가게 된다.

사무실 내 여자 직원들이 득세하고 남자 직원들이 상대

적으로 쇠하니 장기적으로 외교가 불가능하게 되고 5년 내로 적자에 시달린다.

초기에 크게 발복이 있으나 오래가면 좋지 않다. 이러한 카운터에서는 2년 내지 3년마다 화재가 발생하게 되므로 조심해야 한다.

출입문에서는 木기가 계속 들어오게 된다. 午좌라면 남쪽에 火국으로서 木과 火는 木生火로 상생하므로 火기가 왕성하다.

찾아오는 손님마다 이익을 가져오게 되므로 급속도로 돈을 벌게 된다. 5년 정도 발복하게 되면 카운터를 옮기는 것이 좋다.

동남쪽 출입문은 木기가 왕성하게 들어오는데 카운터를 남쪽에 놓으면 火기가 왕성하여 금시발복이 있으나 상대적으로 水기와 金기가 부족하여 풍수인테리어로 금기와 수기를 보충하는 것이 좋다.

동남쪽 문에 남서쪽 카운터
시비와 관재수 생긴다

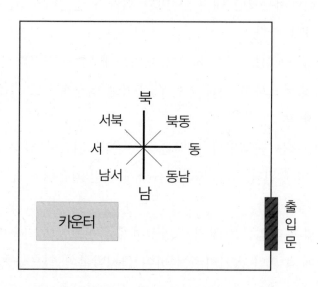

출입문이 동남쪽에 巽坐로서 木국이다. 카운터를 남서쪽에 놓으면 坤坐에 土국이다. 木극土로 상극이 되므로 불배합 자리가 된다.

출입문에서 들어오는 생기는 카운터를 극하게 되므로 좋지 않다.

상점은 급격히 기울게 되고 외부에서 여자를 조심하지 않으면 크게 망신을 당하게 되는 자리이다.

상점 내 여자 직원끼리 다투게 되고 상대적으로 남자 직원은 영업에 지장을 받게 된다.

외부에서 찾아오는 손님과 사장이 뜻이 맞지 않으니 시빗거리가 발생하고 관재구설수가 따르게 된다.

자영업자는 파산하게 되는 자리배치이다. 3년을 넘기지 못하게 되니 하루속히 옮기는 방법 밖에 도리가 없다.

巽문이면 동남쪽의 출입문이다. 『주역』 8괘에서 손문은 장녀목이다. 출입문에서 생기는 木기가 계속 들어오게 된다.

카운터를 놓고 앉아 있는 자리는 동남쪽이라면 『주역』 8괘에서 노모토가 된다. 木은 土를 극하여 재산이 달아나게 된다.

3년 내로 위장이 상하게 되니 수술을 받게 된다. 인체에서 위장은 土에 해당하기 때문에 土가 극을 받게 되어서 위장이 상하게 된다.

동남쪽 문에 서쪽 카운터
손님을 내쫓는 자리다

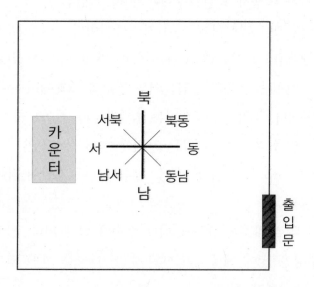

출입문이 동남쪽에 巽좌로서 木국이다. 카운터는 서쪽
의 酉좌에 金국에 놓았다. 金극木으로 극을 하게 되므로
사무실에서는 싸움이 일어나게 된다.

여자 직원끼리 다투게 되며 상대적으로 사무실의 분위
기가 좋지 않아서 영업에 지장을 받게 된다.

사무실 내에서 음이 득세하고 상대적으로 양이 쇠하므
로 남자 직원들의 활동이 부진하다.

巽문이면 장녀목이고 카운터 자리는 소녀금이다. 출입문에서 들어오는 木기를 金이 배척하게 되니 손님을 내쫓는 격이 된다.

동남쪽 출입문에 서쪽에 카운터를 놓고 앉게 되면 손님과 뜻이 맞지 않으므로 매사에 다툼이 잦게 된다.

동남쪽 출입문에 서쪽에 카운터를 놓게 되면 자영업자는 파산하게 된다. 3년 내로 하루속히 옮겨 앉는 것이 좋다.

대체적으로 3개월 내지 4개월 내에 이러한 일이 발생하게 된다. 건강은 간장과 폐, 기관지가 약화된다.

동남쪽 문에 서북쪽 카운터
재산과 명예가 실추되는 자리다

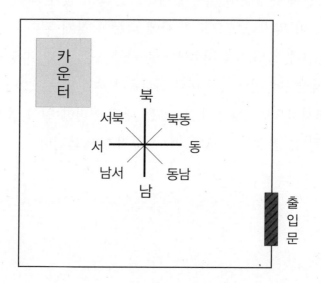

출입문이 동남쪽에 巽좌로서 木국이다. 카운터를 서북쪽 酉좌에 놓게 되면 金국이다. 金과 木은 극을 하게 되므로 흉한 자리가 된다.

출입문에서 들어오는 木기는 카운터와 부딪치게 되므로 매사 다투게 되는 일이 발생하게 되고 관재구설수도 심심찮게 일어난다.

사무실 내 여직원이 다치게 된다. 상대적으로 남자 직원들이 득세하게 되니 음양의 조화가 맞지 않는다.

여자로 인하여 말썽이 있게 되니 현재까지 벌여놓은 재물과 쌓아놓은 명예가 하루아침에 실추된다. 동남쪽 출입문에 서북쪽에 앉게 되면 3년 내로 교통사고가 나게 되며 인명이 위험하다.

사업의 부진을 따질 여유가 없다. 특히 건강은 간, 폐, 기관지가 악화되므로 만사가 귀찮아 진다.

巽문이면 동남쪽에 출입문으로서 『주역』 8괘에서는 장녀목이다.

출입문에서는 木의 기운이 들어오게 된다. 그런데 카운터를 서북쪽에 놓게 되면 노부금으로 金의 기운이다.

출입문에서 들어오는 기운을 카운터가 배척하게 되므로 손해를 입게 된다.

출입문 한 곳마다 카운터를 놓을 수 있는 자리는 8자리가 된다. 8곳마다 길흉의 화복이 달라지므로 각별히 주의해야 한다.

동남쪽 문에 북쪽 카운터
여자가 돈을 모으는 자리다

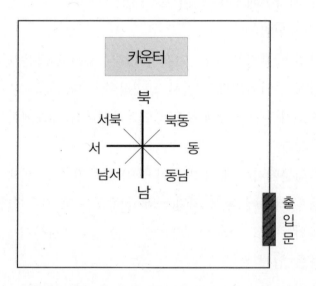

출입문이 동남쪽에 巽좌로서 木국이다. 카운터는 북쪽 子좌에 水국이다. 水生木으로 상생하는 자리로서 대단히 길한 자리가 되므로 승승장구하게 된다. 여직원의 덕이 있고 매사가 순조롭다. 여자 직원을 채용하는 것이 영업에 이익이 있다.

1년 내지 3년 주기로 발복이 있게 되니 직원이 불어나고 매출이 늘어나게 된다. 대운에서는 10년, 30년 간격으로 크게 발복이 있게 된다.

성격이 고지식하여 자칫하면 외교에 소홀할 수 있으므로 외부인의 조언을 참고해야 한다. 여성이 사장이거나 여성의 내조가 크므로 부인이 사무실에서 같이 사업을 하는 경우가 많다.

巽문이면 동남쪽의 출입문으로서 장녀목에 해당된다. 카운터를 子좌에 앉게 되면 북쪽의 중남수가 된다.

출입문에서 들어오는 木기는 水기가 상생하므로 발전을 가져오게 된다.

오행에서 木이 왕성하면 金기가 부족하므로 상대적으로 부족한 기를 보충하는 것이 좋다. 제조업을 하게 되면 성장할 수 있고 공직자가 앉아 있다면 진급을 거듭하게 된다.

출입문에서 들어오는 기운과 카운터를 놓게 되는 자리는 음양과 오행이 잘 맞아야 배합이 되는 것이다. 가령 출입문 하나에 책상을 8군데 놓을 수 있다. 그러면 출입문이 8방위에 나올 수 있으니 8×8=64 자리에 카운터를 놓을 수 있다.

동남쪽 문에 북동쪽 카운터
관재구설수 있는 자리다

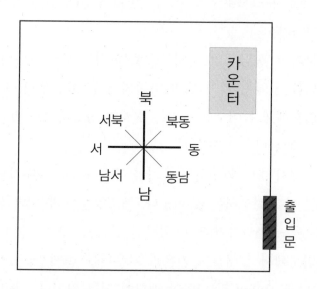

출입문이 동남쪽에 巽좌로서 木국이다. 카운터를 북동 쪽에 놓게 되면 艮좌에 土국이 된다. 출입문에서 들어오는 생기는 木기가 되어 카운터 자리의 土기를 극하게 되므로 불배합 자리가 된다.

사장이 사고를 당하거나 명예가 실추되고 재물이 줄어 든다. 영업이 부진하여 3년을 넘기지 못하게 된다. 관재구 설수 내지는 사무실 내에서 여직원으로 인하여 피해를 입는다.

사무실 내 음이 왕성하고 남자 직원들은 영업활동이 부진하게 되어 적자를 면치 못한다.

출입문이 손문이면 동남쪽의 장녀목이다. 그런데 카운터를 북동쪽에 놓게 되면 소남토가 된다.

동남쪽 출입문에 북동쪽에 앉게 되면 간통사건이나 관재구설수 등이 따르고 재물과 명예가 실추되므로 끝내는 파산하게 된다.

3년 내로 재정이 줄어들어 부도가 나게 된다. 건강은 위장병이 악화되어 당뇨로 이어져 끝내는 혈병으로 시달리게 된다.

『주역』의 8괘에서는 8방위로 화복을 논하게 되는데 가볍게 생각하면 안 된다. 8방위에 맞게 8곳에 책상을 놓게 되면 8×8=64자리라고 하지만 사장과 경리 자리와 기타 직원들의 출입문을 논하게 되면 사무실 자리에서 다양한 화복론이 나오게 된다.

동남쪽 문에 동쪽 카운터 매출이 늘어난다

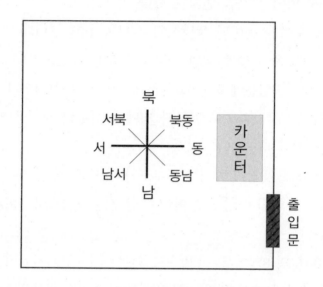

출입문이 동남쪽에 巽좌로서 木국이다. 카운터를 卯좌에 배치하면 동쪽에 木국이 된다. 木이 겹치게 된다. 일시적으로 발복이 있게 된다.

巽문에 卯좌에 앉게 되면 음양은 맞지만 오행이 맞지 않으므로 초기에는 발복이 있으나 오래가지 못한다. 3년까지다소의 발운이 따르게 된다.

그러나 상대적으로 金기가 부족하여 명성을 얻을 수 없고 사장이 고지식하여 외부와의 정보가 교환되지 못하므로 매출이 부진하다.

　동남쪽에 출입문이 있으며 동쪽에 카운터를 놓으면 2년
내지 3년 주기로 발복이 따르게 되지만 재산이 크게 불어
나지는 않는다. 3년 내로 옮겨 앉는 것이 좋다.

　巽문이면 동남쪽에 장녀목으로 木국이다. 그런데 카운
터를 卯좌에 놓으면 장남목이다. 장남과 장녀의 음양은 맞
다. 그러나 오행이 상생되지 못하고 비견급(같은 성질을
뜻함)이다.

　3년이 지나면 간장이 나빠지게 되어 간염이 오게 된다.
신장기능이 저하되므로 건강을 조심해야 한다.

남쪽 문에 남쪽 카운터
출입문을 등지고 앉으면 중풍 맞는다

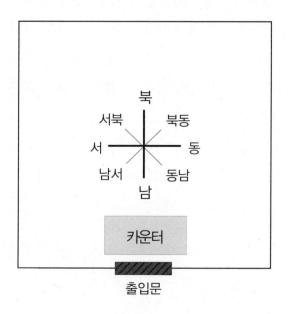

출입문이 午문이면 정남향에 火국이다. 그런데 카운터를 남쪽 火국에 놓고 앉게 되면 양화로서 금시발복이 있으나 장기적으로 앉게 되면 좋지 않다.

午문에 午좌에 앉게 되면 여자의 도움으로 처음에는 다소의 발전을 가져온다. 그러나 오래가면 상점 내 여자 직원들끼리 시기와 질투로 인하여 영업에 지장을 받게 된다.

오래가면 화재의 위험이 크다. 그리고 午문에 午좌에 앉았던 사람들 대부분이 혈압이 높으며 끝내는 혈압으로 쓰러진 경우가 많다.

남쪽 午좌는 중녀화(中女火)로서 집안에 음기가 득세하고 양기는 쇠하게 된다. 모든 사물은 음양의 조화가 맞아야 한다.

午문이면 정남쪽에 중녀화이다. 카운터를 남쪽에 놓으면 자칫 출입문을 등지고 앉는 경우가 된다.

과거부터 출입문을 등지고 앉지 말라 했으니 이것은 火기가 들어와서 등을 치기 때문이다.

영업이 부진한 것은 물론이요, 심장이 악화되어 끝내는 심장병으로 시달리게 되니 모든 일이 허사가 된다.

2년이 지나면 재산이 줄게 되고 남는 것이 없게 되므로 2년 내로 책상자리를 옮기는 것이 좋다.

남쪽 문에 남서쪽 카운터
1년 안에 바닥난다

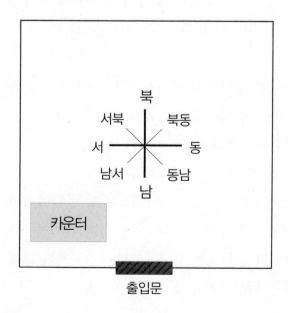

출입문이 午문이면 남쪽의 火국이다. 카운터를 남서쪽 坤좌에 놓으면 土국이다. 여자 직원끼리 갈등이 심하여 바람 잘 날이 없다.

2년 내로 수입이 줄어들고 밑 빠진 독에 물붓기이다. 午문 坤좌에 카운터를 놓고 앉으면 여자들이 득세하고 상대적으로 양이 쇠하여 남자들의 영업이 부진하다. 2~7년 내로 이사를 해야 한다.

午문이면 남쪽에 중녀화이다. 남서쪽 坤좌에 카운터를 놓으면 노모토 자리이다.

출입문에서는 왕성한 火기가 들어오는데 카운터를 놓은 자리는 건조한 土의 자리다.

남쪽 출입문은 왕성한 火기가 들어오는데 화기를 식혀줄 만한 세력이 없으므로 사무실 내 분위기가 급박하게 돌아가게 된다.

첫해는 사무실에 있는 사람들이 위장이 나빠지게 되고 남자들이 활동에 제약을 받게 되거나 영업에 발전을 가져올 수 없다. 2년 내로 재정이 바닥나게 되고 건강은 화병으로 인하여 위장과 건강이 악화된다.

5년 동안 고집을 하고 이렇게 앉아있게 되면 결국은 파산하고 인명까지 우려가 되는 자리다.

남쪽 문에 서쪽 카운터 2년 안에
재산과 명예가 실추된다

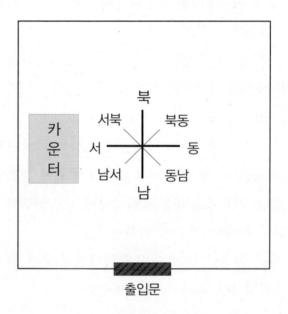

출입문이 午문이면 정남쪽에 火국이다. 카운터는 서쪽 酉좌에 金국이다. 화극금의 상극자리이다. 어떤 오행이라도 극하게 되면 매우 흉한 자리이다. 양택에서 불배합 자리가 된다.

午문 酉좌에 카운터를 놓고 앉게 되면 단시일 내에 파산하고 명예 또한 실추되므로 매우 좋지 못한 자리이다.

출입문에서 들어오는 생기는 火기이므로 카운터 자리를 극하게 되므로 그 자리를 순순히 내어주는 격이다.

상점 내에서 여자 직원끼리 다투게 되고 남자 직원은 설 자리가 없게 되므로 사업에 발전이 없다.

午문이면 남쪽에 중녀화가 된다. 카운터 자리를 酉좌에 놓으면 서쪽에 소녀금이 된다. 소녀와 중녀가 다투게 되므로 망신살이 끊이지 않는다.

남쪽에 출입문이 있으면 그곳에서 火기가 계속 들어오는데 카운터를 金국에 놓고 앉아 있으므로 金이 극을 받게 되므로 손해를 입게 된다.

출입문과 카운터는 음양의 이치가 맞아야 하는 법인데 음양과 오행에서 극이 되면서 매사가 순조롭지 못하다. 2년 내로 재산이 줄어들고 명예가 실추되고 끝내는 폐, 기관지가 악화되므로 건강과 재산을 모두 잃게 된다.

남쪽 문에 서북쪽 카운터
관재구설수 있다

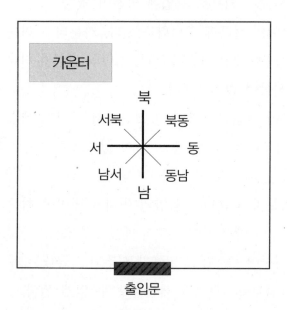

출입문

출입문이 午문이면 남쪽에 火국이다. 카운터를 서북쪽 乾좌에 놓으면 金국이다. 오행이 화극금으로 상극이 된다. 양택에서는 이것을 불배합으로 매우 흉하게 본다.

재산과 명예가 모두 상실된다. 출입문에서 들어오는 중녀화의 火기가 카운터 자리의 노부금의 金기를 녹이게 되므로 명예가 실추된다.

午문 乾좌에 앉게 되면 관재구설수가 있게 되고 파산하게 된다.

여자로 인하여 손해를 보게 되니 명예와 재물을 탕진하게 된다. 노부와 중녀는 세대차이가 나게 되고 음양이 맞지 않는다.

남쪽 출입문에 서북쪽에 앉으면 2년 내로 폐, 기관지가 나빠지게 되고 명예와 재물은 물론 건강까지 잃게 된다.

2개월이 지나면서 머리가 아프게 되고 혈압이 올라가게 되어 급속도로 건강이 나빠지므로 하루속히 옮겨 앉는 것이 상책이다.

남쪽 문에 북쪽 카운터
금시발복하는 자리다

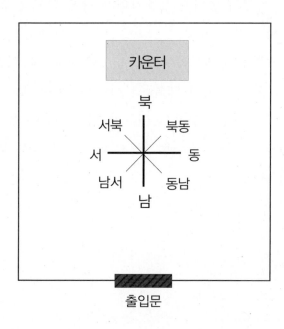

출입문이 午문이면 남쪽에 火국이다. 카운터가 子좌면 북쪽에 水국이다. 정남과 정북은 음양의 조화로서 서로 마주 보고 있다. 양택의 음양의 이치로서 대단히 길한 자리이다. 午문에 子좌에 카운터를 놓으면 水火는 음양이므로 찬물에 따뜻한 火의 기운이 데워주는 격이다 따라서 금시발복을 하게 되고 1년 내지 2년 내로 재산을 모을 수 있다.

午문의 子좌에 카운터를 놓으면 사무실 내에 화기애애한 분위기 속에서 직원들과 사장의 관계가 돈독하고 협동을 하게 되니 영업실적이 늘어난다.

대운에서는 10년 내지 20년 동안 크게 발복이 있게 된다. 午문이면 정남쪽에 중녀화이다. 그런데 子좌면 정북쪽에 중남수가 된다. 중녀와 중남이 만났으니 전성기가 된다. 8방위 중에서도 제일로 취급하는 길격의 자리배치이다.

더운 기운과 추운 기운이 어울리게 되어 반갑고 도와주게 되니 창조가 일어나게 된다.

음양의 이론에서 水火는 음양이요, 물과 불은 상극이면서 없어서는 안 될 조화이다. 세상의 창조가 물과 불에서부터 시작되었으므로 양택 풍수에서는 최상의 길격으로 보는 것이다.

남쪽 문에 북동쪽 카운터
2년 내로 파산한다

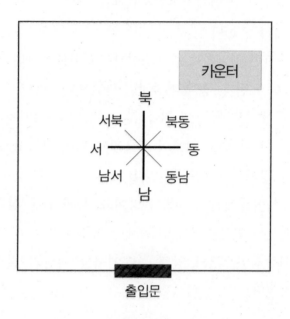

출입문이 午문이면 남쪽의 火국이다. 카운터를 艮좌에 놓으면 북동쪽의 土국이다. 음양의 이치에서 벗어나게 되므로 불배합으로 좋지 못하다. 직원들끼리 싸움이 그치지 않게 되며 양택의 3대 조건에서 벗어나게 되므로 사무실도 예외가 아니다. 상점이나 사무실 내에서는 건조한 기운이 감돌게 되고 관재구설수로 시달리게 된다.

남쪽의 출입문에는 火기가 계속 들어오게 되는데 카운터를 북동쪽에 놓으면 작은 土가 많은 火기를 감당하지 못하게 되므로 결국 2년 내로 파산하게 된다. 여직원의 부주의로 인하여 손해가 따르고 신입직원은 과다업무에 시달린다.

午문이면 정남쪽에 중녀화이다. 카운터를 艮좌에 놓으면 간좌는 북동쪽에 소남토이다.

남쪽 출입문에 북동쪽에 카운터를 놓으면 외부에서 여자들의 등쌀에 견디지 못하게 되는 경우이다. 자금은 부족한데 많은 지출을 하게 되므로 사업을 오래 할 수 없다.

2년 내로 재정이 바닥나고 끝내는 속병으로 화병이 나게 되어 건강을 잃게 된다.

남쪽 문에 동쪽 카운터
매출이 크게 늘어나는 자리다

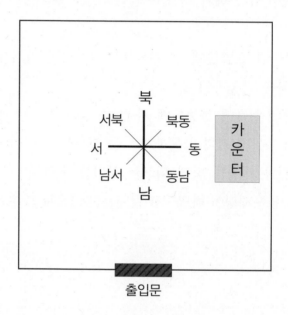

출입문이 午문이면 남쪽에 火국이다. 카운터 자리는 정동향의 卯좌로서 木국이다. 상생하는 관계로 대길하고 귀격의 자리이다.

여직원의 현명한 판단으로 사업 운영에 크게 도움이 된다. 2년 내지 3년 주기로 발복하고 대운에서는 20년 내지 30년을 그 자리에 앉아 있어도 발복되므로 매우 좋은 자리이다.

장기적으로 앉으면 크게 돈을 벌어들일 수 있으나 화재를 조심하고 水기를 보충해야 한다.

午문이면 정남쪽에 중녀화가 된다. 卯좌면 정동쪽에 장남목이다.

장남과 중녀가 만났으니 화기애애하여 영업이 활발하게 된다.

찾아오는 손님마다 이익이 되므로 매출은 나날이 늘어나서 상점이 크게 성장하게 된다.

남쪽 출입문에 동쪽에 카운터를 놓으면 제조업을 하는 사업이 좋다. 물건을 만들면 돈벌이가 되고 결실이 있게 된다.

남쪽 출입문에 동쪽에 카운터를 놓으면 화재의 염려가 있다. 그러나 옛날부터 집에 화재가 일어나고 부자가 되었다는 말이 이러한 곳에 해당한다.

남쪽 문에 동남쪽 카운터
남자직원 활동이 부진하다

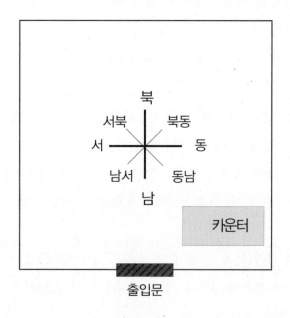

출입문이 午문이면 남쪽에 火국이다. 카운터 자리는 동
남쪽에 巽좌로서 木국이다. 木과 火는 상생하여 좋으나 음
양에서는 맞지가 않다.

午문에 巽좌에 카운터는 2년 내지 3년 주기로 발운이
오게 된다. 금시발복은 있으나 장기적이지 못하다. 따라서
5년이 지나면 옮기는 것이 좋다. 장기적으로 앉게 되면 화

재의 우려가 있으므로 불을 조심해야 한다.

사무실 내에서 음기가 왕성하므로 상대적으로 양이 쇠하여 남자들의 영업활동이 부진하다.

상점에 개성이 없고 외길이니 발전을 기대할 수 없게 된다.

양택 삼요결에서는 배합으로 보고 있으나 영구적으로 앉을 자리는 되지 못한다.

午문이면 정남쪽에 중녀화이고 巽좌면 카운터가 동남쪽에 장녀목이다. 木과 火는 상생하여 좋으나 음양에서는 맞지 않으므로 2년 내지 3년까지는 발복이 오게 된다. 5년을 넘기지 말고 옮기는 것이 좋다. 장기적이면 신장이 약해지는 자리이다.

남서쪽 문에 남서쪽 카운터
돈만 벌고 쓸 줄 몰라서 실패다

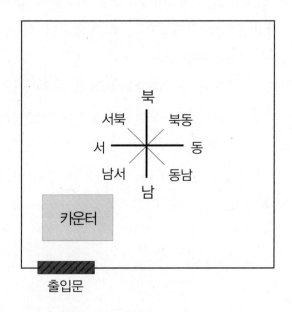

사무실이나 점포에서 카운터를 어떻게 놓고 앉느냐에 따라 사업의 성패가 달라진다.

남서쪽 출입문이라면 坤문 노모토의 土국이다. 남서쪽 은 부를 상징하는 자리이다. 그러나 坤문에 坤좌에 카운터 를 놓으면 土와 土가 겹치므로 유동성이 없다.

상점의 공간은 사정방위와 사우방위의 사방팔방이 있는

데 하필이면 출입문 쪽으로 카운터를 놓고 앉을 이유가 없다. 자칫 출입문을 등지고 앉아 있으면 5년을 넘기지 못하고 사업에 실패하게 된다.

음이 왕성한 자리이므로 사무실 내부와 외부에서 여자 직원에게 시달리게 되고 사장이 사업에 뜻을 펴지 못하고 끝내는 사업이 기울게 된다.

坤문의 坤좌에 카운터를 놓으면 오행이 맞지 않는다. 건강은 위장이 약해지고 신장이 허약해지므로 매사에 의욕을 잃게 된다.

남서쪽의 출입문에서 남서쪽에 카운터를 놓게 되면 재산이 있어도 활용하지 못하여 발전이 없다.

고리대금업이나 할까 기타 사업은 할 수 없으니 크게 발전을 기대하지 못하게 된다.

남서쪽 문에 서쪽 카운터 여자가 득세한다

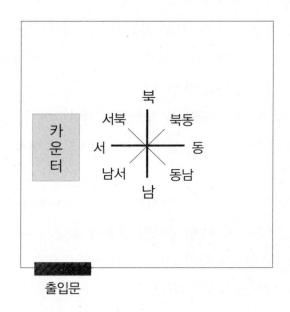

출입문이 坤문이면 남서쪽의 土국이다. 서쪽 酉좌의 카운터 자리는 金국이다. 土와 金은 土생金으로 생기가 있는 방향이라 하겠다.

동서사택의 음양에서는 배합으로 본다. 그러나 이것은 차선책이지 최선책은 되지 못한다.

坤문의 酉좌에 카운터를 놓으면 4년을 넘기지 말아야 한다. 상점 내에서는 음기가 왕성하여 남자 직원은 영업이 부진하다.

공처가나 애처가의 명이므로 이것은 사무실 내에서도 예외는 아니다. 坤문은 음절로서 음이 강한 출입문이다. 출입문에서 들어오는 음기는 서쪽의 金을 도와 사무실 내에서 음이 강해지게 되므로 여자가 득세하게 된다.

성격이 굽힐 줄 모르고 출입문에서 들어오는 土기는 카운터의 金을 도와주게 되므로 사장은 권위와 명성을 좇게 되고 하늘 높은 줄 모르는 격이니 외부에서 망신살이 든다.

坤문이면 노모토가 된다. 酉좌는 소녀금이다. 소녀는 노모가 가져다주는 재물로 호의호식하게 되지만 오래가지 못한다.

남서쪽의 출입문에서 들어오는 土기는 계속 들어오게 되므로 카운터를 金이 도와주게 되니 사장은 나태해지게 된다.

따라서 4년을 넘기지 말고 옮기는 것이 좋다. 폐, 기관지가 약해지고 재산이 줄어들게 된다.

남서쪽 문에 서북쪽 카운터
금전과 명성이 따른다

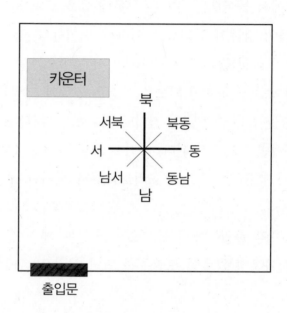

출입문이 남서쪽이라면 坤문에 土국이다. 카운터를 서북쪽 乾좌에 놓으면 최상의 길격이다. 금전과 명성이 따르고 승승장구하는 카운터 자리이다.

　카운터와 출입문은 음양의 관계이고 주객의 관계이므로 사무실에 찾아오는 손님과 주인의 뜻이 일치하므로 상점에 수익을 가져다주게 된다.

출입문에 坤문은 노모토요, 카운터 자리의 乾좌는 노부금으로 직원들은 승진을 하게 되며 사업장이 번성하는 자리이다.

남서쪽과 서북쪽은 4년 정도, 대운에서는 40년을 앉아 있어도 최고로 길한 자리가 된다.

음양의 이치가 맞으니 남녀가 화합하고 상점에 들어오는 손님 중에서도 남자보다 여자 고객이 큰 덕을 가져오게 된다.

坤문이면 남서쪽의 출입문으로서 출입문에서는 土기가 계속 들어오게 된다. 土는 돈과 재물을 뜻하며 부를 상징하게 된다.

사업가라면 대기업가요, 공직자라면 고관급이 앉을 수 있는 자리이다.

만약 신입직원이 앉게 되면 간장이 나빠지게 된다. 모든 것은 분수에 알맞게 자리를 정해서 앉아야 한다.

남서쪽 문에 북쪽 카운터
초기에 파산한다

출입문이 남서쪽이라면 坤문에 土국이다. 카운터를 북쪽의 子좌에 놓으면 水국이다. 土극水로 좋지 못한 자리배치이다.

음토가 양수를 극하게 되므로 중남이 사하게 되는 자리로서 대단히 흉한 자리이다. 외부에서 여자로 인하여 피해를 입으며 재산이 줄어들고 망신살이 동반된다.

출입문 남서쪽의 생기는 양수의 水기를 극하므로 관재 구설수가 따르고 재산이 줄어들게 되므로 초기에 파산하는 자리이다.

남서쪽의 출입문에서 들어오는 노모토 기운은 북쪽 카운터의 중남수를 극하게 되므로 상점에 찾아오는 손님이 거부라 할지라도 해를 끼치는 작용이 일어나니 이것이 음양과 오행의 작용이다.

출입문에서 들어오는 기운은 고정되어 있으므로 카운터를 잘 맞추어 놓아야 한다.

1년 내로 심장이 나빠지게 되고 관재구설수로 인하여 손해가 생기게 되므로 하루속히 옮겨 앉아야 한다.

신장기능이 약화되어 신장과 심장의 건강에 이상이 오게 되고 끝내는 사장이 중풍으로 쓰러지고 마는 자리이다.

남서쪽 문에 북동쪽 카운터
재산이 스스로 모인다

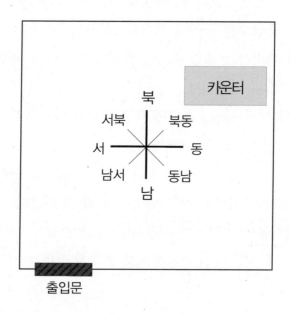

출입문이 坤문이면 남서쪽의 土국이다. 艮좌는 북동쪽의 土국이다. 土土가 이합이므로 길격의 자리이다. 남서향과 북동향은 사우방위로서 음절에 해당한다.

坤문의 艮좌에 카운터를 놓으면 큰돈을 벌어들이지는 못해도 최소한의 지출을 줄이게 되므로 회사에 흑자를 가져오게 되는 자리이다.

북동쪽 소남토 카운터에 출입문이 남서쪽에 노모토로서 귀한 늦둥이를 얻어서 사업장을 내어주는 격이므로 사무실 내에서 웃음꽃이 피어나는 가상이다.

남서쪽의 출입문에 북동쪽에 카운터를 놓으면 큰 기업을 이룰 수는 없으므로 커다란 투기는 금물이다. 적은 돈으로 알뜰하게 저축하는 것이 가장 알맞다.

土는 재산을 뜻하므로 작은 土에 큰 土를 보태주게 되니 재산이 불어나게 된다.

5년 주기로 발복이 따르게 된다. 그러나 영구적이지 못하다. 5년이 넘게 되면 옮기는 것이 좋다.

남서쪽과 북동쪽은 사우방위로서 음절에 해당하므로 음양이 잘 맞으나 오행이 상생하지 못하여 아쉽다. 건강은 신장이 약화된다.

남서쪽 문에 동쪽 카운터
관재구설수 자리다

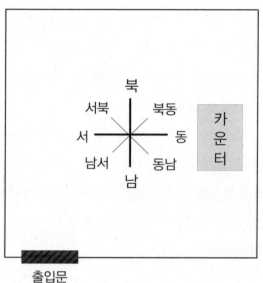

북
서북   북동
서   동
남서   동남
남

카운터

출입문

출입문이 坤문이면 남서쪽의 土국이다. 坤문은 土기가 왕성한데 동쪽의 卯좌에 카운터를 놓고 앉게 되면 木극土로서 상극이 된다. 그래서 이 자리에 앉게 되면 초기부터 모든 일이 뜻대로 풀리지 않는다.

坤문에 卯좌는 역학에서 칠살에 비유될 만큼 매우 좋지 않은 자리이다. 칠살이란 칠충이라는 뜻으로서 매사가 부덮친다는 뜻이다.

土는 재물을 뜻한다. 재물을 키워서 확대시키지는 못할 지언정 한눈 팔게 되니 사업은 뒷전이다.

3개월에서 3년 내로 파산한다. 여자문제로 손해를 보거나 사기를 당하거나 도둑을 맞는다.

남서쪽의 출입문에 동쪽에는 카운터를 놓지 말고 만약 놓더라도 3년을 넘기지 말아야 한다.

坤문이면 남서쪽의 노모토가 된다. 동쪽은 장남목이다. 木극土로서 극이 되는 관계로 관재구설수가 따른다.

남서쪽의 출입문에 동쪽에 카운터를 놓고 앉게 되면 3년 내로 위장병과 혈병이 생기게 되어 건강이 극도로 악화된다.

남서쪽 문에 동남쪽 카운터
3년 내로 바닥난다

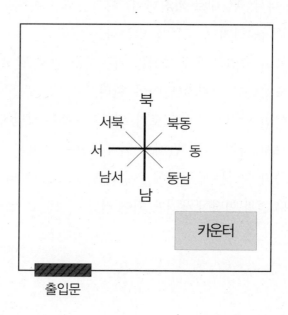

출입문

출입문이 남서쪽이라면 坤문에 土국이다. 동남쪽 카운터는 巽좌로서 木국이다. 이것은 木극土가 되는 가장 흉한 자리이다. 출입문에서는 土의 기운이 들어오는데 카운터를 木국에 놓게 되면 木극土로 상극이 되므로 사업으로 벌어들이는 수입보다 경비의 지출이 더욱 심해지게 되는 자리이다.

사무실 안에는 음이 왕성해지고 양이 쇠하므로 남자 직원이 물러나게 되니 사업이 일어날 수 없어서 파산한다.

여자 직원끼리 다투게 되며 상점은 편할 날이 없고 영업에 지장을 받게 된다.

남서쪽의 출입문에 동남쪽에 카운터를 놓게 되면 출입문에서 들어오는 노모토의 土기는 카운터 자리 장녀목에 木기에 의해서 극을 받게 되므로 주인과 손님은 뜻이 맞지 않아서 거래가 원활하지 못하여 더 이상 발전이 없다.

관재구설수가 있고 상업이 부진하여 3년 내로 재정이 바닥나게 된다.

3년 내로 위장병과 혈병으로 건강을 잃게 되니 재산도 잃고 건강도 잃게 된다.

남서쪽 문에 남쪽 카운터
바람 잘 날 없다

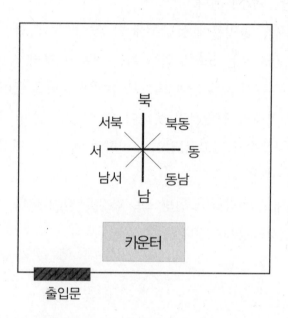

출입문이 坤문이면 남서쪽의 土국이다. 카운터는 남쪽 午좌의 火국이다. 이 자리는 가장 흉한 카운터 배치에 해당한다. 출입문이 서사택에 해당하며 음절에 해당한다. 그러나 카운터는 양절에 동사택에 속하므로 이것은 음양의 배합이 맞지 않는 자리이다. 2년 내로 여직원으로 인하여 손해를 입게 되고 노모가 천방지축이 되어 바람 잘 날 없다.

실내에 음이 왕성해지고 양의 기운이 쇠퇴하므로 음양의 균형이 맞지 않는다.

남자 직원이 기를 펴지 못하니 영업이 잘 되지 않는다.

남서쪽의 출입문에 남쪽에 카운터를 놓게 되면 여자로 인해 손해를 입게 되며 망신살이 끊이지 않고 금전운이 따르지 않는다. 사장의 권위 또한 실추된다.

坤문 午좌에 카운터는 당뇨병이 오게 된다. 시기는 2년 내로 건강이 악화되어 사업에도 진전이 없다.

서쪽 문에 서쪽 카운터
사업이 오래가지 못한다

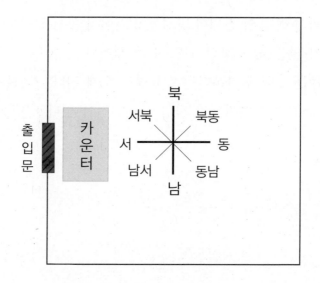

출입문이 서쪽이라면 酉문에 金국이다. 그런데 카운터를 서쪽 酉좌에 놓고 앉게 되면 일시적으로 발복이 있지만 오래가지는 못한다.

출입문을 등지고 앉게 되면 외부에서 충돌이나 교통사고를 조심해야 한다.

서쪽 카운터는 소녀금 자리로서 출입문과 쌍금이 되므로 오행이 맞지 않는다. 모든 사업을 직원에게 떠맡기고 사장은 외부로 나돌게 된다.

출입문에서 들어오는 생기는 金기인데 그 자리에 오래도록 앉아 있으면 사무실 내 여직원이 천방지축이 되어서 무분별해지게 되므로 오래가면 더욱 불길하다.

4년을 넘기지 못하고 주인이 명예욕과 권위주의에 빠지게 되어 사업에는 관심도 없다.

酉문이면 서쪽의 소녀금이다. 그런데 카운터를 酉좌에 놓게 되면 소녀들이 모여 사업을 하기에는 경험이 없다. 일시적으로 수확이 있을지 몰라도 오래가지 못한다.

4년 가까이 되면 위장과 폐, 기관지병으로 고생하게 된다. 오래가면 재산을 잃고 건강마저 잃게 되니 조심하는 것이 좋다.

서쪽 문에 서북쪽 카운터
적게 벌어서 명예를 크게 낸다

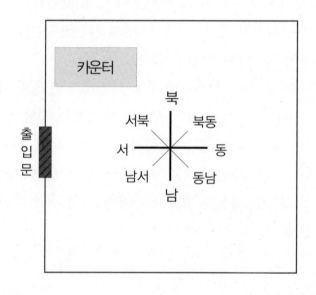

출입문이 酉문이면 서쪽에 金국인데 카운터가 乾좌라면 서북쪽을 말함이니 서북쪽도 金국이다. 음양의 배합에서는 잘 맞으나 장기적이기보다는 일시적인 발복이 있다. 金국이 쌍금이 되어 사장의 명예욕이 대단해지고 고집이 세어서 사람들의 말을 듣지 않게 된다. 명예와 권위를 앞세우므로 적게 벌어서 크게 써야 하니 사업에 발전이 없다.

음양에서는 맞으나 오행이 맞지 않으므로 결실이 없다.

여직원이 시달리고 상점의 분위기가 차갑고 오래가면 끝내는 파산하게 된다.

酉문은 소녀금이다. 乾좌는 노부금이다. 작은 金과 큰 金이 합치게 되어 쌍금이 되므로 사장이 외고집으로 상점을 끌고 나가게 된다.

酉문에 乾좌에 앉게 되면 4년까지는 발복이 있게 되나 오행의 상생이 없으니 재정이 나날이 줄어들고 적자를 면치 못하게 된다.

사무실에 火기가 없고 나이가 적은 여직원의 주장으로 상점을 이끌고 나가게 되며 남직원은 줄어들게 된다.

4년을 넘기게 되면 폐, 기관지병과 위장병으로 고생하게 된다.

서쪽 문에 북쪽 카운터
사기 당하고 파산한다

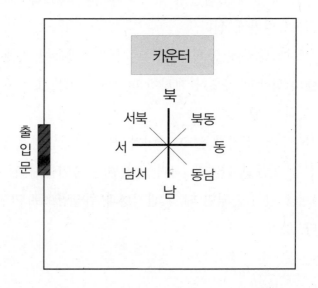

서쪽 출입문에 북쪽에 카운터를 놓으면 金생水로서 오행이 생해 주어서 좋지 않느냐고 할지 모른다. 그러나 근본적으로 양택의 동·서사택의 음양이 맞지 않으므로 불배합이 되는 것이다.

酉문의 子좌에 앉으면 — 酉문이면 金국 — 출입문에서 들어오는 金의 기운을 子좌의 水기가 흡수하는 현상이다.

작은 金기를 큰물이 흡수하게 되면 金은 물에 잠기게 되는 현상이다.

1년 내로 자금이 바닥나게 되고 오래가면 여직원과의 스캔들로 망신까지 당하게 된다. 사업에 성공하려면 무엇보다 카운터를 잘 놓고 앉는 것이 중요하다.

酉문이면 서쪽의 소녀금이고 북쪽 카운터는 중남수 자리이다. 출입문에서 들어오는 金의 기운은 상점에 도움이 되지 못하고 무용지물이다.

수입은 적은데 직원은 많아 쓸 곳이 많아서 적자를 면치 못하고 결국 파산하게 된다.

1년을 넘기게 되면 도둑이 들고 수입에 비해 지출이 많아지게 된다. 계획 없이 투자하게 되므로 부도가 나게 된다. 자영업자라면 사기를 당하거나 파산하게 된다.

1년 내로 폐, 기관지병과 위장병으로 시달리게 되고 재산을 잃고 건강도 함께 잃게 된다.

서쪽 문에 북동쪽 카운터
장래성이 많은 자리다

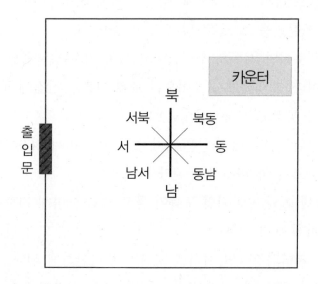

출입문이 서쪽에 酉문이면 金국이다. 카운터를 놓고 앉는 자리가 艮좌라면 북동쪽에 土국이다. 土와 金은 토생금으로 길한 자리이다.

酉문에 艮좌의 카운터는 酉문이 金국이다. 적은 자본으로 개업하여 장래가 보장되는 희망적인 자리이다.

출입문에서 들어오는 생기는 음의 기운이므로 필시 여직원이 총명하여 회사에 발전이 있게 된다.

매사에 발전이 있고 직원들이 화합하고 기쁜 일이 생기게 되니 사업은 나날이 번창하게 된다.

酉문에 艮좌의 카운터는 한 가지 주의해야 할 점이 있다. 분수에 맞지 않은 너무 큰 투자는 금물이다. 실속이 맞는 알맞은 투자와 아이디어로 승부를 거는 것이 좋다.

酉문이면 서쪽의 소녀금이고 艮좌에 카운터는 소남토가 된다. 土기와 金기는 상생하는 관계요, 소녀와 소남은 마음이 통하여 일마다 기쁜 일이 생기게 되므로 사업은 나날이 번창하게 된다.

4년 내지 5년 주기로 발복이 따르게 되니 나날이 번창하게 된다.

서쪽 문에 동쪽 카운터
金극木이니 위태롭다

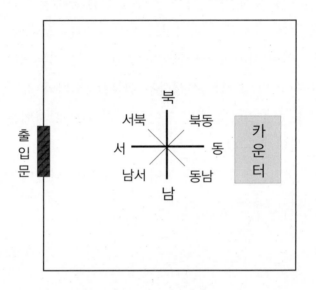

　서쪽의 酉문에 출입문에서 들어오는 기운은 金의 기운이다. 카운터를 동쪽 卯좌에 놓게 되면 木국이다. 출입문과는 마주 보고 앉아서 금극목하는 자리이다.

　酉문에 卯좌의 카운터를 마주 보고 앉게 되는 자리이므로 매사에 부딪치고 시끄러운 일이 끊이지 않는다. 특히 사무실 내에서 직원들 간에 다툼이 잦게 되어 회사에 발전이 없다.

외부에서 들어오는 손님과 주인의 마찰이 심하고 여직원은 말썽을 피워 관재구설수가 끊이지 않게 된다. 교통사고 등 외부에서의 마찰로 인하여 인명 피해가 오게 된다.

사업이 부진한 것은 둘째 치고 자칫하면 목숨까지 위태로운 자리이다. 3년 내로 불미스러운 일이 발생한다.

酉문이면 정서쪽에 소녀금이다. 그런데 카운터를 동쪽에 놓게 되면 장남목이다. 출입문에서는 金의 기운이 계속 들어오게 되는데 카운터를 놓고 앉은 자리는 木국이므로 이것은 상극이 되는 자리배치이다.

3년을 넘기지 못하고 대부분 1년 반 정도만 되어도 좋지 않은 일이 생기게 된다. 간장이 나빠지게 된다.

서쪽 문에 동남쪽 카운터
3년 내로 여자가 파산한다

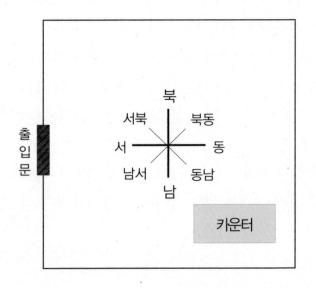

출입문이 서쪽이라면 酉문에 金국이다. 카운터를 동남
향에 놓으면 巽좌에 木국이다. 金과 木이 부딪치는 자리로
서 대단히 흉한 자리이다.

酉문에 巽좌는 출입문에서 들어오는 金기와 카운터 앞
은 자리의 木기가 한 치의 양보가 없다. 상점에는 시끄러
운 일이 끊이지 않고 관재구설수와 시비나 소송, 재판에
휘말리게 된다.

여직원들의 시기와 미움으로 다투게 되므로 사업에 지장을 초래한다. 사무실 내 음기가 왕성하고 양기가 쇠하여 활기가 없고 3년 내로 파산하게 된다.

酉문이면 서쪽의 출입문으로 소녀금이다. 동남쪽은 장녀목 자리이다. 소녀와 장녀는 음양과 오행이 모두 맞지 않으므로 가장 흉한 자리가 된다.

상점에 찾아오는 손님은 시빗거리를 가지고 오게 되니 바람 잘 날이 없다.

서쪽 출입문에 동남쪽의 카운터는 사무실 내에서는 도둑을 맞게 되고 각종 우환으로 파산하게 된다.

3년 내로 간장이 나빠지게 되어 건강을 잃게 된다. 재물과 인명을 모두 잃게 되므로 가장 흉한 자리가 된다.

서쪽 문에 남쪽 카운터
2년 내로 파산한다

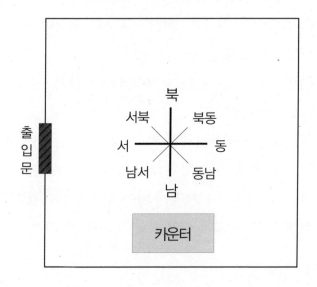

酉문은 정서쪽에 金국이다. 카운터를 午좌에 놓고 앉게 되면 정남향의 火국이다. 火는 金을 극하여 녹이게 되니 불배합이다. 카운터를 자리는 정배합에서 벗어나게 되면 우환이 끊이지 않게 된다.

외부에서 오는 손님을 제대로 대접하지 못하게 되므로 영업이 잘 될 리가 없다. 작은 돈을 가진 사람이 들어오는 것을 탐탁지 않게 생각하니 큰 재물 또한 끌어들일 수 없다.

상점 내에서 여자끼리 싸우게 되므로 음이 왕성하고 양이 쇠하여 남자 직원은 영업에 실적이 없다.

양택의 3대 요소 중에서 문, 주, 조가 맞아야 한다. 우선 출입문과 카운터 자리가 근본적으로 맞지 않다.

상점은 2년 내로 파산하므로 자리를 빨리 옮기는 것이 제일 좋다. 사업장에는 여직원과 남자 직원이 반반씩 있는 것이 음양의 조화가 잘 맞게 된다.

酉문이면 정서쪽에 소녀금이다. 카운터를 午좌에 놓게 되면 정남쪽에 중녀화가 된다. 소녀와 중녀가 화극금으로 상극이 되는 이치가 된다.

2년 내로 가게가 기울고 폐, 기관지가 나빠지게 되므로 재물과 명예와 건강을 모두 잃게 되니 매우 흉한 자리이다.

서쪽 문에 남서쪽 카운터
적게 벌고 많이 모인다

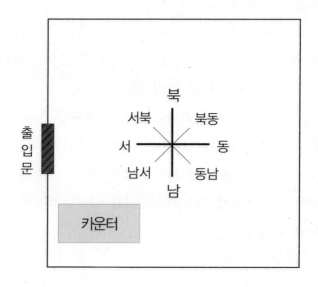

출입문이 서쪽이라면 酉문에 金국이다. 카운터를 남서
쪽 坤좌에 놓으면 土국이므로 동서사택의 음양의 원리에
서 배합이 잘 맞는다. 『주역』 8괘에서는 음양의 이치를 논
하게 되니 배합에서는 문제가 없다.

酉문에 坤좌에 앉게 되면 일시적으로 발복이 된다. 그러
나 오래가지는 못한다. 경리가 재무관리를 맡게 되므로 말
썽을 부리게 되니 재산상의 손해를 입히게 된다.

사무실 내에서는 음기가 왕성하고 상대적으로 양의 기운이 쇠퇴되는 현상이다.

여직원이 득세하고 남자 직원들은 기를 펴지 못하게 된다.

酉문이면 정서쪽에 소녀금이다. 카운터는 남서쪽의 노모토가 된다. 소녀는 노모가 도와주므로 걱정이 있을 리 없으나 모든 것은 지나치면 좋지 않은 법이다.

서북쪽 문에 서북쪽 카운터
돈보다 명예를 중시하는 자리다

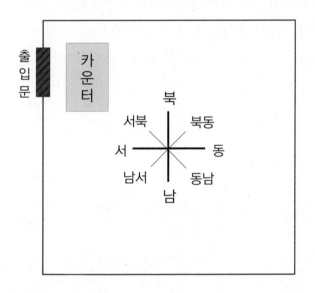

　출입문이 서북쪽이라면 乾문에 金국이다. 카운터도 서
북쪽에 金국으로 쌍금이 된다. 『주역』 8괘에서는 음양의
배합이 맞으나 오행에서 상생이 되지 못하는 것이 아쉽다.
　乾문에 乾좌의 카운터는 출입문에서 金의 기가 들어와
서 일시적으로 발복은 가능하다. 그러나 이것은 음양의 조
화가 맞지 않아서 차선책이다.

계속 앉아 있게 되면 사장이 명성과 허세를 좋아하게 되며 인색하여 독불장군으로 홀로 남게 된다.

노부금이란 권위적이고 권력, 명성의 자리가 된다. 그러나 명예만 좇다가 사업이 기울고 만다.

乾문이면 서북쪽에 노부금이다. 노부금이란 명예를 상징하는데 사업을 할 때 적절하지 못하다. 사업이란 오히려 애교와 서비스 정신이 필요하다.

서북쪽 출입문에 서북쪽에 카운터를 놓고 앉게 되면 자칫 잘못하면 출입문을 등지고 앉게 되는 경우가 많다.

그렇게 되면 출입문에서 金의 기운이 들어오므로 인체에 해가 될 수 있다.

4년을 넘기게 되면 적자로 돌아서게 되므로 오래 있으면 불리하다.

폐, 기관지가 약해지게 되며 위장과 소화기 계통에 병이 오게 된다.

서북쪽 문에 북쪽 카운터
실속 없이 바쁘기만 하다

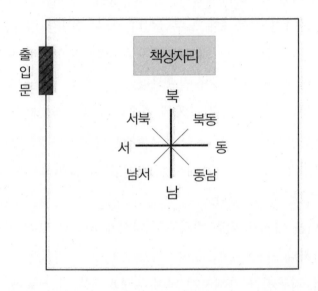

출입문이 서북쪽이라면 乾문에 金국이다. 카운터를 북쪽 子좌에 앉게 되면 건문은 金기고 자좌는 水기이다. 金이 양수를 만났으니 기운이 빠지게 되므로 명예가 실추된다. 실속 없이 바쁘기만 하다. 초기부터 상점이 흔들리게 되니 명예가 실추되고 오래가지 못하여 곧 파산하게 된다.

양택의 가상론에서 乾문에 子좌를 대단히 꺼린다. 金풍이 출입하게 되어 양水를 키우게 되므로 벌어두었던 재물은 하루아침에 사라지게 되므로 허망하다.

상점은 여직원이 없다. 양水가 왕성하므로 음이 쇠퇴하게 된다.

서북쪽의 출입문은 노부금이다. 카운터 자리는 북쪽에 중남수가 된다.

노부와 중남은 『주역』 8괘 음양의 이치에서 불배합이다. 서북쪽 출입문에 북쪽에 카운터를 놓고 앉게 되면 벌어두었던 재산마저 빠져 나가게 되고 명예가 실추된다.

1년 내로 적자가 시작되어 오래 버티지 못하고 파산하게 된다.

乾문에 子좌의 카운터는 1년이 지나면 폐, 기관지가 악화되고 끝내 재물과 명예, 인명까지 잃게 되므로 매우 흉한 자리배치이다.

서북쪽 문에 북동쪽 카운터
사기 부도 조심하라

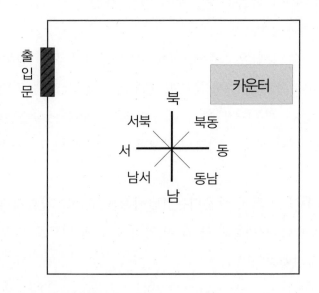

출입문이 서북쪽이라면 乾문에 金국이다. 카운터를 북동쪽 艮좌에 놓고 앉게 되면 土국이다. 土와 金은 상생이 되어 배합이 맞으나 이것은 일시적일 뿐이다.

乾문의 艮좌에 카운터는 乾은 양금인데 艮은 음土이므로 오행의 균형이 맞지 않는다. 동·서사택의 배합에서도 차선책이지 좋은 자리로는 보지 않는다.

자금이 부족하고 직원들은 시달린다. 사장이 권위적이고 직원과 화합이 불가능하고 여직원의 수는 나날이 줄어든다.

『주역』8괘에서 음양에서 동서사택의 배합은 맞으나 오행이 맞지 않아서 장기적인 발복은 어렵다.

서북쪽 출입문에 북동쪽에 카운터를 놓고 앉게 되면 자금이 부족한데 많은 명예와 부를 누리려고 욕심을 부리는 경향이 있다.

그러다 보면 타인에게 사기를 당하거나 부도를 맞게 된다. 서북쪽 출입문에 북동쪽에 카운터를 놓게 되면 4년까지 발운이 따르게 되나 4년이 지나면 다른 방위로 자리를 옮겨 앉는 것이 좋다.

위장병이 생기고 도둑이 사무실에 침입하고 자금을 잃어버리기 쉽다. 4년 내에 옮기는 것이 상책이다.

그러나 양택 삼요결에 의해서 불배합은 아니다. 크게 봐서 현상유지는 하게 된다.

서북쪽 문에 동쪽 카운터
장남에게 좋지 않고 관재수 있다

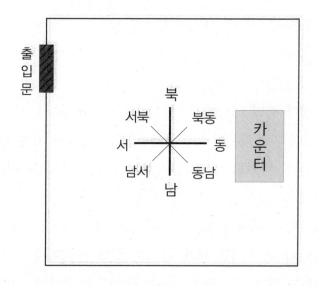

출입문이 서북쪽이라면 乾문에 金국이다. 카운터가 동쪽의 卯좌라면 木국이다. 외부에서 金기가 침범하여 내부의 木을 치게 되므로 관재구설수가 끊이지 않는다.

乾문에 卯좌에 카운터를 놓고 앉게 되면 일은 뒷전이고 직원들의 다툼이 잦다. 3년 내로 사업은 급격히 기울게 된다.

양택 가상학에서 乾문에 卯좌는 매우 꺼리게 된다.

건문이면 서북쪽에 노부금이다. 카운터는 동쪽의 卯좌

에 장남목이다. 노부와 장남은 음양이 맞지 않아서 3년을 넘기지 못하고 파산하게 된다.

가정집이라면 장남이 극을 당하게 되어 과부가 되는 가상이다.

서북쪽 출입문에 동쪽에 카운터를 놓고 앉아 있게 되면 교통사고를 조심해야 한다. 金과 木이 부딪치게 되니 마찰이 심하게 일어난다.

특히 관재구설수가 따르게 된다. 간장이 나빠지게 되고 돈과 명예는 아무런 소용이 없게 된다.

화복론에서는 3년이라 하지만 대부분은 2년 내로 이러한 흉한 기운이 나타나게 된다.

서북쪽 문에 동남쪽 카운터
3년 내로 과부 된다

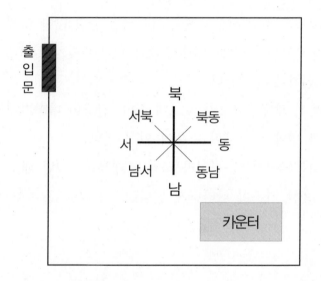

출입문이 서북쪽이라면 乾문에 金국이다. 카운터는 동남쪽 巽좌에 木국이다. 金극木으로 부딪치게 되어 매사가 시끄럽고 출입문과 카운터 자리가 불배합이다.

乾문에 巽좌의 카운터는 동서사택의 배합에도 맞지 않는다. 사무실 내 여직원이 사표를 내거나 물러나게 되는 자리이다.

乾문에서는 金기가 계속 들어오고 카운터 자리와 반대

가 되므로 외부에서 손님은 시빗거리만 가지고 찾아오게 되어 상점에 손해를 끼치게 된다.

시비와 마찰로 인하여 법적으로 문제가 될 소지가 많으므로 영업을 할 때 미리 살피는 것이 좋다. 乾문이면 서북쪽에 노부금이다. 카운터 자리는 동남쪽에 巽좌로서 장녀 목이다. 노부와 장녀는 극이 되므로 맞지 않는 자리이다. 여자로 인하여 손해를 입게 되고 3년 내로 파산하게 된다.

가상으로 말하자면 과부가 된다. 카운터 자리도 마찬가지이다. 3년 내로 간장이 나빠지고 재물이 달아나게 된다.

이러한 자리는 3년을 넘기기가 어렵고 넘기게 되면 모든 것이 풍비박산이 나게 된다. 돈과 인명까지 우려가 되는 것이 특징이다.

서북쪽 문에 남쪽 카운터
재산과 명예를 잃게 된다

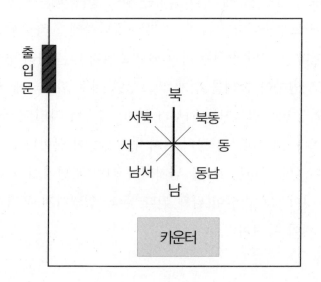

출입문이 서북쪽이라면 乾문에 金국이다. 카운터를 남쪽 午좌에 놓고 앉게 되면 火국이다. 외부에서 들어오는 기운을 카운터 자리가 극하게 되므로 좋지 않다.

출입문에서 들어오는 기운과 카운터 자리는 반대 되는 세력으로서 카운터가 배척하는 형상으로 상점 내에 들어오는 좋은 기운을 밀어내게 되는 것이다. 결국 벌어놓은 재산과 명예를 잃게 된다. 상점 내에서는 음이 강하여 여직원이 득세하여 상점을 이끌어 나가고 양이 쇠퇴하여 남자 직원들은 활동이 부진하여 매출은 나날이 줄어든다.

乾문이면 서북쪽에 노부금이다. 그런데 카운터를 午좌에 놓고 앉게 되면 남쪽에 중녀화 자리가 된다.

노부와 중녀는 출입문에서 들어오는 재물운을 카운터의 火가 녹이는 격이 되어 매사가 순조롭게 풀리지 못하게 된다.

2년 내로 재물을 탕진하게 되고 관재구설수와 각종 시비로 인하여 부도가 나거나 파산하게 된다.

폐, 기관지가 악화되므로 무심코 카운터를 놓게 되면 이토록 엄청난 피해가 따르게 된다.

서북쪽 문에 남서쪽 카운터
매출이 늘어나 부자 된다

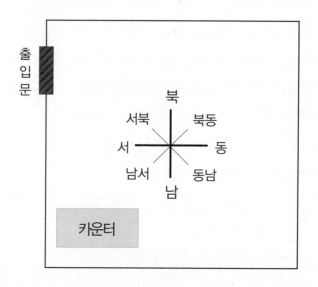

출입문이 서북쪽이라면 乾문에 金국이다. 카운터를 남서쪽 坤좌에 놓고 앉게 되면 土국이다. 土生金으로 음양의 조화가 잘 맞으며 서북 방향과 남서 방향은 길한 카운터 자리로서 발전을 가져오고 재산과 명예가 따른다. 건은 명예와 권위의 상징이다. 상점 내 여직원의 도움이 크다. 그러나 9년 내지 10년이 지나게 되면 자리를 옮기는 것이 좋다.

10여 년간 사업은 꾸준히 발전하지만 더 이상은 발복이 없게 된다. 아무리 좋은 자리라도 일정하게 발복하게 되면 더 이상은 발복되지 않게 된다.

乾좌의 출입문이면 서북쪽에 노부금이다. 그런데 카운터를 남서쪽에 坤좌에 놓으면 노모토가 된다. 노부와 노모가 만났으니 뜻이 잘 맞는다.

서북쪽 출입문에 남서쪽에 카운터를 놓게 되면 명예와 부가 따르지만 꾸준히 발복을 하지 못하고 머물게 되니 아쉬운 일이다.

그러나 일정한 수입을 유지하게 된다. 4년 내지 5년 주기로 발복하게 된다. 그러나 권위적인 고정관념이 있어서 주변을 살피지 못하게 된다.

서북쪽 문에 서쪽 카운터
재산은 크게 모이지 않는다

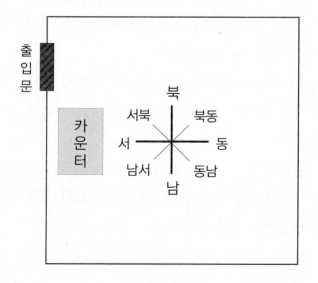

출입문이 서북쪽이라면 乾문에 金국이다. 카운터를 서쪽 酉좌에 놓고 앉게 되면 金국이다. 큰 金과 작은 金이 합치니 쌍금의 자리가 된다. 음양의 이치는 맞으나 오행이 맞지 않는다.

乾문에 酉좌의 카운터 자리에 앉게 되면 4년까지는 다소 발복이 있으나 오래가지는 못한다. 4년이 지나면 옮기는 것이 좋다. 오래도록 앉아 있게 되면 재산이 줄어들게 된다.

상점 내에서는 유동성이 없게 되므로 발전이 없고 출입문에서 들어오는 기운과 카운터를 놓은 자리가 오행으로 맞지 않게 된다.

사무실 내 金기가 왕성하여 여직원이 득세하고 상대적으로 木기가 부족하게 되어 남자 직원들이 견디지 못한다.

乾문이면 서북쪽에 노부금이다. 酉좌는 서쪽에 소녀금이다. 소녀와 노부는 같은 金이기는 하지만 오행에서 순행이 되지 못한다.

사장의 마음은 점차 강직해지고 베푸는 것이 없으므로 사람이 따르지 않는다.

서북쪽 출입문에 서쪽에 카운터를 놓으면 4년이 지나면 폐, 기관지가 약해진다. 4년을 넘기지 말고 옮기는 것이 좋다.

보국의 형성(形成)

　양택 풍수의 가상학에서는 집 주변의 환경을 매우 중요시하게 된다. 보국의 형성이 어떠한가에 따라서 그 집의 길흉화복을 논할 수 있기 때문이다.

　보국이란 집이나 마을을 둘러싸고 있는 산을 말한다. 소위 음택 풍수에서 말하는 좌청룡과 우백호, 또는 주산과 안산 등이 양택 풍수에서도 예외는 아니다.

위 사진처럼 집의 바로 뒷산은 산이 부드럽고 높지도 않으며 적당히 잘 감아 주었는데 문제는 뒷산의 너머에서 마을로 향해 넘어다 보이는 산이 좋지가 않다.

외부에서 마을로 넘어다 보이는 산

풍수지리에서는 외산이 넘어다 보이게 되면 감시의 대상이 된다고 하여 좋지 않게 본다.

외산이 집을 향해서 넘어다 보이게 되면 외부의 감시를 받게 되고 도둑의 침입을 우려할 수 있다. 외침을 받을 수가 있다는 뜻이다.

외산이 넘어다 보이는데 산의 형태가 눈썹처럼 가늘게 보이는 것을 아주 흉하게 본다.

풍수는 바람이 중요하다

　이 탑은 중국의 황하강 유역에 위치한 카이펑(개봉)의 어느 지점에 있는 탑이다. 탑을 처음 시공할 무렵은 지금부터 1300여 년 전이다. 왕이 이 탑을 세울 것을 명령하여 세웠다는데 탑을 맨 먼저 시공한 기술자는 풍수에 대한 감각이 매우 풍부했던 모양이다.

처음 이 탑을 완성하였을 때 왕이 나와 보니 서북쪽으로 약간 기울어져 있었다는 것이다.

왕이 왜 탑을 비스듬히 세웠냐고 묻자 탑을 시공한 사람이 대답하기를 서북쪽에서 동남향으로 바람이 계속 불어오기 때문이라 하였다.

지금은 탑이 서북쪽으로 약간 기울어져 있으나 수백 년이 지나면 바로 서게 될 것이라 설명하였다. 아니나 다를까 현재에 이 탑은 동남쪽으로 약간 기울고 있다.

바람이 세차게 불어오는 것도 아니고 조금씩 살살 부는 바람도 수백 년 동안 불면 거대한 건물도 기울게 한다는 사실이다.

양택 풍수와 음택 풍수는 이처럼 바람과 공기를 다루는 자연과 밀접한 매우 과학적인 학문이다.

동해수

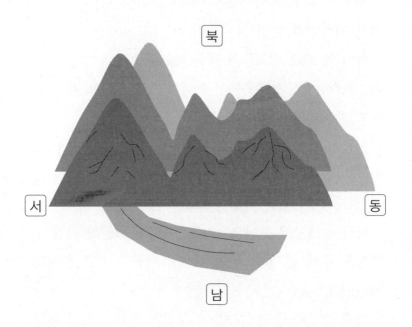

동해수란 서쪽의 산이 높아서 동쪽으로 물이 흐르게 됨을 말한다. 서쪽은 오행에서 金이므로 금생수하여 물을 배설함이다.

서출동류수는 약수가 되는 것으로 인체에 들어가면 유익하며 건강이 좋아지게 되고 정력수가 된다.

서쪽에서 동쪽으로 흐르는 물을 서출동류수라 하게 되

는데 서출동류수가 흐르는 곳에는 맑고 걸출한 인물이 많이 배출되어 국가가 부흥을 하게 된다.

서출동류수는 자연의 이치에서 순행을 하는 물이다. 서쪽에서 물을 생하여 동쪽으로 흘러서 동쪽의 나무를 키워주며 만물의 초목이 자라나게 된다.

서출동류수는 음양이 화합한 것이다. 이 뜻은 해는 동쪽에서 뜨고 물은 서쪽에서 동쪽으로 흐르는 관계로 물과 빛이 부딪치게 된다. 물은 빛이 닿아야 따뜻함을 느끼고 불은 물을 만나야 찬 맛을 볼 수가 있다함이니 음양의 이치가 잘 맞게 되는 것이다.

서해수(西海水)

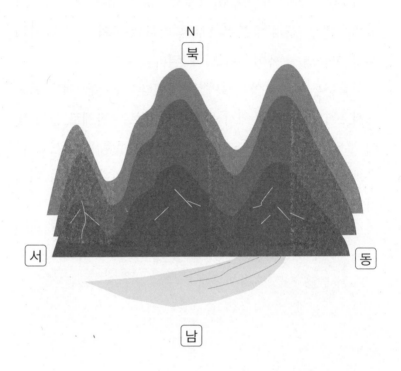

서쪽의 산이 낮고 동쪽의 산이 높다면 동쪽에서 서쪽으
로 물이 흘러내리게 된다. 이것을 두고 서해수라고 말한다.

동출서류수가 되었다면 동쪽에서 서쪽으로 흘러내린 물
은 나무가 영양가를 다 흡수하고 내뱉는 물로서 인체에 들
어가게 되면 득이 없다.

동출서류수가 되었다면 배탈이 나고 설사를 하게 되는 물이다. 과거부터 이러한 지세에서는 좋은 인물이 태어나지 않는다고 하였다. 계곡이 깊고 수풀이 울창하다고 해서 무조건 좋은 물이 아니라는 것을 알 수가 있다.

동출서류수가 되면 사람뿐 아니라 모든 만물도 기가 없게 되고 억세어서 순행의 이치에서 벗어나게 된다.

동출서류수는 동쪽에서 서쪽으로 흐르는 물을 두고 하는 말인데 이렇게 되면 물의 흐름이 역류하게 된다. 만물은 순행의 이치에서 벗어나게 됨을 좋지 않게 보는 것이다.

순행(順行)의 물

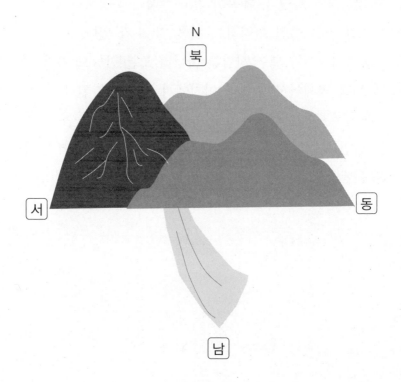

물의 근본은 북쪽에서 시작되는 것이다. 북쪽의 산이 높아서 남쪽으로 물이 흘러내린다면 이것은 순행하는 물로서 인체에 유익하다.

북쪽은 수국으로서 물의 고장이므로 모든 만물이 이곳

에서부터 창조되었다고 해도 과언이 아니다.

모든 만물은 물이 근본이 되어 영양가를 얻고 번식하여 자라나게 되는 이치로서 자손이 번성하는 것이다. 북쪽에서 남쪽으로 흐르는 물은 무난하다.

북출남류수가 되면 순행의 이치로써 모든 만물이 탄생하게 되는 이치이다. 인간도 북쪽에서 남쪽으로 흐르는 물을 먹게 되면 성격이 온순하고 부드러워진다는 것이다.

북출남류수는 순환의 이치로써 대자연에 순행하므로 이러한 물을 먹거나 접하게 되면 자연에 순응을 하고 밝고 맑은 지혜를 얻게 된다.

북출남류수는 물이 욕심이 없고 자기 몸을 희생하면서 만물을 키워주게 되어 아래로만 흘러가게 된다. 그러나 진정한 생명체를 얻게 되면 물도 위로 상승하여 올라가게 되는 것이다.

역류수(逆流水)

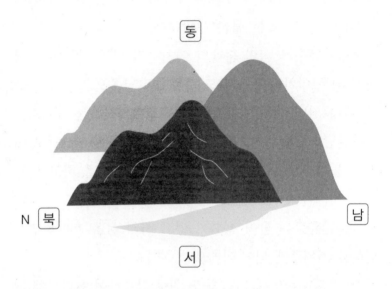

산이 남쪽이 높아서 물이 북쪽으로 흘러내린다면 이것은 역류하는 물이다. 물이 남쪽에서 발생하여 북쪽으로 흐르는 물을 역류수라 하게 된다.

역류하는 곳의 물을 먹으며 자라거나 이러한 곳에서 살게 되면 반항심이 커지게 된다.

물이 역하는 곳에서는 과거부터 역적이나 반역자가 난다고 하였다. 역류하는 물이 인체에 들어가게 되면 변비가 생기거나 몸에 화병이 생기게 된다.

남출북류수는 반항하는 정신이 깃들어져 있기 때문에 인체에 들어가서 좋을 리가 없다. 하물며 모든 식물도 이러한 곳에서는 나무의 형태가 비뚤어지게 되니 좋지 못하다.

남출북류수를 두고 역류수라 하는 이유는 음양오행에서 역행하기 때문이다. 아무리 높은 산골짜기라도 이렇게 역류수가 되면 인체나 모든 만물에게는 좋은 약수가 되지 못하는 것이다.

약수가 되려면 흐르는 물의 방향이 가장 중요하다. 풍수지리의 근본은 방향에 따른 공기의 흐름을 판단하기 때문이다.

충을 하는 형상

　위 사진과 같이 삐죽삐죽하게 충을 하는 물체가 앞에서 보이게 되면 이것은 대단히 나쁘다.

　가령 이러한 물체(뾰족한 것)가 보이게 되면 필시 그 집에 우환이 일어나게 된다.

집을 지을 때 치장을 하느라고 이러한 형태를 만들게 되는데 이것은 사소하게 넘길 일이 아니다.

외부에서 보이는 곳에서도 피해가 가겠지만 그 집의 주인인 자신도 충의 힘을 받게 되어 대단히 좋지 않다.

하등에 이러한 형태뿐 아니라 모든 사물이 이에 해당된다. 건축물도 삐죽삐죽하게 보인다면 역시 충을 받게 되어 좋지 않다.

풍수지리에서나 역학에서도 충을 대단히 흉하게 보므로 집을 지을 때 미리 주의하는 것이 좋다. 모든 사물은 매끄럽고 부드러운 것을 좋게 본다.

밥상의 모서리에 앉지 말라는 옛말이 있듯이 뾰족한 못을 벽에 많이 박아 놓으면 눈이 충혈되는 예가 많이 있다. 따라서 뾰족하거나 튀어나온 모양은 흉하다 하여 충으로 보게 된다.

북쪽 문에 북쪽 책상자리
오래 있을 자리 못된다

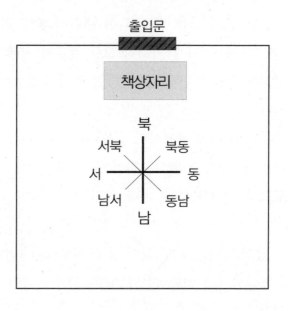

출입문이 북쪽이라면 子문에 水국이다. 책상자리를 子
좌에 놓으면 북쪽에 양수가 되므로 음양은 맞으나 오행이
맞지 않는다. 초기에는 발운이 있게 되어 사업이 일어나게
된다. 그러나 양택에서는 음과 양 그리고 오행이 잘 맞아
야 길하다.

특히 사업장에서 대표의 책상자리라면 음양, 그리고 오

행이 곁들여서 잘 맞아야 한다.

북쪽 출입문에 북쪽 책상자리에 앉아 있게 되면 2년 내에 옮겨 앉아야 한다. 잠깐 동안 발복은 있으나 장기적이지 못하다. 오래도록 적자를 면치 못하고 부도가 나게 되므로 결국은 문을 닫고 마는 격이다.

북쪽 출입문에 북쪽 사무실 책상자리에 앉아 있게 되면 수해나 물을 조심해야 한다. 많은 양水가 겹치게 되면 수해로 인하여 손해를 보게 된다. 많은 물의 자원을 활용할 수 있는 水에 해당하는 업종이라면 무방하다. 그러나 대부분의 업종은 제외된다.

북쪽 출입문에 북쪽 사무실 책상자리에 앉아 있게 되면 양수가 겹치므로 재물이 흘러나가게 되는 격이다. 음수가 왕성하게 되니 상대적으로 양인 火가 쇠하게 되어 남자 직원은 붙어 있지 못하는 격이다.

사업을 하게 되면 火에 해당하는 업종은 아예 하지 않는 것이 좋다. 사업장에서 火에 속하는 업종이라면 각종 의류 계통이과 난방기구 같은 것을 예로 들 수 있다.

子문에 子좌에 앉게 되면 水기가 범람하게 되니 첫째는 신장에 병이 오게 되고 둘째는 심장이 약해져서 심장병이 오게 된다. 심신이 허약하여 오래가면 사망할 수도 있다.

인간이 살아가면서 제일 중요한 부분이 건강이다. 건강

이 없다면 사업도 돈도 아무런 의미가 없다는 뜻이다.

옛말에 출입문을 등지고 앉지 말라 했는데 이것이 바로 등을 돌리고 앉은 격이니 매우 좋지 않다. 만약에 출입문을 바라보고 앉게 되면 이것은 사업체가 아니라 구멍가게에 불과하다. 그러한 이유로 발전성이 없다.

출입문을 등지고 앉게 되면 이것은 하루아침에 급살을 맞게 되어 갑자기 쓰러지게 되는 격이다.

북쪽 문에 북동쪽 책상자리
적자나고 위장병 생긴다

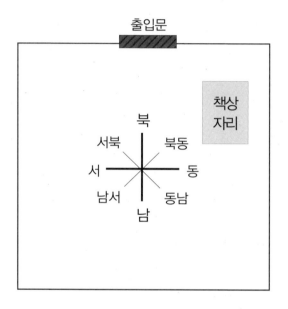

출입문이 북쪽이라면 子문에 水국이다. 책상을 북동쪽 艮좌에 놓게 되면 土국이다. 土와 水는 상극으로 불배합의 자리이다. 오행의 상극에서는 이로운 일이라 해도 반대작용이 일어나게 되므로 일이 올바로 진행되지 못하는 격이다. 음양과 오행은 상생을 원칙으로 하며 순행하는 것을 제일로 본다.

음양오행에서 土는 水를 극하기 때문에 土극水라고 한다. 이것은 메마른 땅에 물을 아무리 들이 부어도 모두 흡수되고 마는 것이다. 이토록 오행에서 상극의 이치는 인간사와 직접적으로 연결되어 그대로 나타나게 된다.

북쪽 출입문에 북동쪽 책상자리에 앉아 있게 되면 사무실 내에 중간간부에게 사고가 나거나 회사를 그만두거나 하여서 말썽이 잦다. 뒤이어서 신입직원에게 반복되므로 좋지 않다.

북쪽 출입문에 북동쪽 책상자리에 앉아 있게 되면 1년 내로 회사가 적자 내지는 관재구설수로 인하여 파산하게 되므로 흉한 배치이다.

오행에서 水는 1이요, 土는 5가 된다. 그래서 북쪽 출입문에서 들어오는 기운은 1년을 넘기지 못하고 土에서 흡수되고 마는 것이다. 이토록 오행의 상생, 상극의 이치가 분명하거늘 하필이면 북쪽 출입문에 북동쪽의 자리에 앉아서는 안된다는 것이다.

북쪽 출입문에 북동쪽 책상자리에 앉아 있게 되면 남자직원들끼리 마음이 맞지 않아 다투게 되니 상대적으로 사무실 내에 여직원이 없게 된다.

이것은 오행에서 水는 중남수요, 土는 소남토가 되기 때문에 중남과 소남은 남자 직원끼리 다투고 활개를 치는 꼴이 되어 여자 직원은 발붙일 곳이 없게 된다.

북쪽 출입문에 북동쪽 책상자리에 앉아 있게 되면 1년 내로 회사에서는 신입직원이 사고가 나거나 회사를 그만두게 된다.

신입직원이 줄게 되니 더 이상 발전성이 없게 된다. 관재구설수가 아니면 자식이 병을 앓게 되므로 사업이 잘 될 수 없게 된다.

학생의 책상자리라면 공부를 하면 비위가 상하게 되어 만사가 귀찮다. 집중이 안되고 공부를 지속할 수 없어서 상급학교로의 진학이 불가하다.

위장이 나빠지고 끝내는 당뇨와 속병으로 고생하게 되므로 흉격의 자리이다.

북쪽 문에 동쪽 책상자리
승승장구하는 자리다

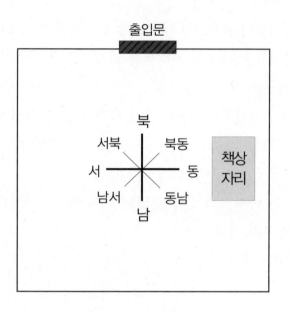

출입문이 북쪽이라면 子문에 水국이다. 책상을 동쪽 卯좌에 놓으면 木국이 된다. 출입문에서 들어오는 생기는 책상자리의 木을 키우게 되니 상생하는 자리로서 대단히 좋은 자리배치이다.

좋은 책상자리에 앉아 있는 만큼 앞으로 순탄하게 일이 잘 풀어나갈 것이다. 따라서 알맞은 직종을 선택하는 것도 한몫을 하게 된다. 출판, 인쇄, 신문사 등의 직종이 좋다.

북쪽 출입문에 동쪽의 책상자리에 앉아 있게 되면 출입문에서 들어오는 水기가 사장 자리의 木기를 키우게 된다.

사무실 내 사원들과 사장은 뜻이 잘 맞고 의견충돌이 없어서 승승장구하게 된다.

1년 내지 3년 단위로 발운이 따르고 대운에서는 10년 내지 30년마다 크게 발운이 따르게 되어 사무실 내에 인재가 늘어나게 된다.

사무실 내 남자가 득세하게 되므로 상대적으로 여자들이 기를 펴지 못하는 단점이 있다. 8년 정도 지나면 큰 기업으로 성장할 수 있다.

공부하는 학생의 책상자리라면 큰 학자의 꿈을 키워볼 만하다.

북쪽 문에 동남쪽 책상자리
3년 단위로 발운이 따른다

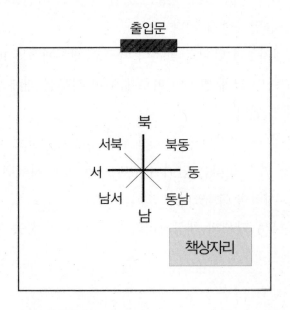

출입문

북
서북   북동
서 ——— 동
남서   동남
남

책상자리

출입문이 북쪽이라면 子문에 水국이다. 책상자리는 동남쪽에 巽좌로서 木국이다. 水生木으로 상생하는 자리로서 대길하다. 좋은 자리로 책상을 맞추어 앉았으므로 그에 알맞은 직종을 고르는 것이 최선이다.

북쪽 출입문에 동남쪽 책상자리에 앉아 있게 되면 1년 내지 3년 단위로 발운이 따르게 되고 수익이 늘어나고 직원 수도 늘게 된다.

여자 직원들의 도움이 크고 나이 많은 여성을 채용하는 것이 좋다. 남자 직원들은 젊은 사람들이 활동하게 되므로 사무실이 활기를 띠게 된다.

출입문이 子문이면 水국이므로 출입문에서는 항상 水기가 들어오게 된다. 그 수기를 받아서 자라나는 곳이 동남쪽의 木국이 다. 중남과 장녀는 음양과 오행이 잘 맞는다.

출입문은 사람으로 비유하면 입에 해당한다. 음식물을 받아서 소화하여 위장에서 영양을 잘 섭취하면 건강하듯이 출입문과 앉는 책상자리도 정도를 잘 지켜야 한다.

3~4년 동안 크게 발복이 있은 후에는 옮기는 것이 좋다. 오래가면 사장은 여자문제로 시달리게 되고 가정에서는 공처가가 된다. 위장과 폐, 기관지가 약해진다.

공부하는 학생이나 시험을 준비하는 수험생, 고시생이라면 합격률이 높다. 책상을 놓고 공부하는 것을 보고 합격이냐 불합격이냐를 논할 수 있는 것이 바로 풍수지리 학문이다.

북쪽 문에 남쪽 책상자리
금시발복하는 자리다

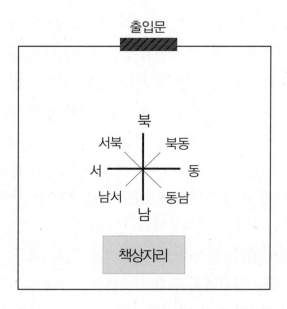

동서남북은 8방위 중에서 사정방위에 해당된다. 북쪽의 출입문이 나쁘다고 하는데 사실은 그렇지 않다. 4방위 중에서 제1번이 북쪽이다. 북쪽은 水국이기 때문이다. 음양 오행에서 水는 1번이요, 모든 만물은 물에 의해 생성된다. 이 세상에 물이 없다면 어느 것 하나 살아남을 리가 없다.

만물은 음과 양의 만남에서 모든 역사가 이루어진다. 음과 양의 조화 없이는 발전을 기대하기 어렵다. 그런데 북쪽의 출입문이 좋지 않다는 선입견은 북쪽이 추운 곳이라 찬 기운이 들어오기 때문에 전해진 말이다.

그러나 오행이란 찬 것을 좋아하는 오행이 있는가 하면 더운 것을 좋아하는 오행도 있다. 출입문에 의해서 카운터를 풍수적으로 잘 배치하면 금시발복을 할 수 있다.

풍수지리란 대자연의 순행의 원리에 의해 만들어진 초현대적인 학문이다. 북쪽이 추운 지방이라면 남쪽은 더운 지방이다. 뜨거운 물에 찬물을 섞으면 온도가 적당한 물이 되는 이치이다.

책상자리를 남쪽 따뜻한 곳에 놓고 앉아 있고 출입문에서 시원한 운기가 들어오게 되므로 음양의 이치는 더없이 좋은 자리이다.

북쪽 문에 남서쪽 책상자리
돈은 줄어들고 신장이 나빠진다

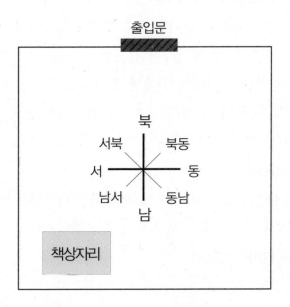

출입문이 북쪽이라면 子문에 水국이다. 책상자리는 남서쪽 坤좌에 土국이 된다. 오행이 土극水로 상극이 되는 자리배치이다.

북쪽 출입문에 남서쪽 책상자리에 앉아 있게 되면 1년 내로 사업이 부진하게 된다. 출입문에서 들어오는 생기를 흡수하게 되므로 영업이 잘 되지 않고 재물도 들어오지 않는다.

북쪽 출입문에 남서쪽 책상자리에 앉아 있게 되면 직원들이 마음 놓고 업무활동을 할 수 없게 된다.

음이 왕성하여 여자 직원들이 기승을 부리게 되고 남자 직원들은 기를 펴지 못하고 특히 사무실 내에서 관재구설수에 휘말린다.

출입문이 북쪽에 있다면 중남수가 된다. 책상자리를 남서쪽에 놓게 되면 노모토가 된다.

중남과 노모는 극하게 되므로 출입문과 책상자리는 상극이 되는 자리가 된다.

子문에서는 水기가 들어오는데 사무실에서는 그 수기를 잘 살려서 응용해야 마땅하다.

그런데 자금이 들어와도 사업에 활용해 보지도 못하고 낭비하게 된다.

첫째는 사원들이 힘을 펴지 못하고 둘째는 사장은 신장이 약해지게 되므로 결국 건강이 나빠지게 된다. 사업체는 1년을 넘기기 힘들고 파산하게 된다.

북쪽 문에 서쪽 책상자리
경영이 부실하고 부도난다

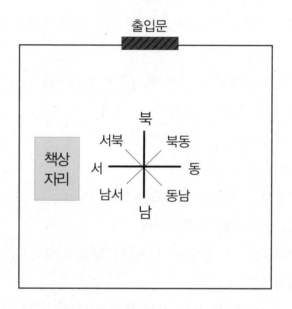

출입문이 북쪽이라면 子문에 水국이다. 책상자리를 서쪽에 놓으면 酉좌에 金국이다. 출입문이란 책상자리의 음양의 관계가 분명해야 하고 오행이 순행해야 한다.

이 책상자리는 음양에서 맞지 않으므로 불배합의 자리이다. 북쪽 출입문에 서쪽 책상자리에 앉아 있게 되면 자금이 부족하여 회사의 운영이 어렵게 되고 1년 내에 신용이 떨어지고 결국 부도가 나게 된다.

북쪽 출입문에 서쪽의 책상자리에 앉아 있게 되면 출입문에 많은 水의 기운이 침범하여 책상자리의 작은 金을 덮어버리므로 순식간에 경영이 부실해진다.

북쪽 출입문에 서쪽의 책상자리에 앉아 있게 되면 1년 내로 흉격이 찾아드니 사업체라면 4년을 넘기지 못하고 파산하게 된다.

양이 왕성하고 음이 쇠하여 음양의 조화가 맞지 않고 여직원이 없으므로 딱딱한 분위기로 영업이 부진하다.

출입문이 정북쪽에 子문이면 이것은 중남수가 된다. 그런데 책상을 정서쪽에 놓고 앉게 되면 이것은 소녀금으로 사무실에는 여직원이 시달리게 된다. 출입문이란 책상자리와 음양의 관계가 분명해야 하고 오행이 순행해야 한다. 건강은 폐, 기관지병으로 시달리고 특히 홍수를 조심해야 한다. 오래가면 水해나 물로 인하여 피해를 입게 된다.

북쪽 문에 서북쪽 책상자리
폐, 기관지가 나빠지는 자리다

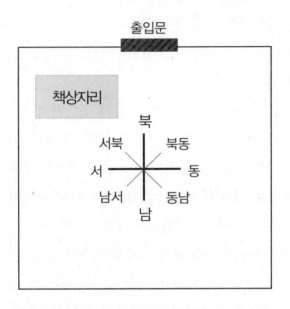

출입문이 子문이면 북쪽에 水국이다. 책상자리는 서북쪽의 乾좌로서 金국이 다. 출입문에서 들어오는 水기로 인하여 사장이 자리에서 물러나게 된다.

북쪽 출입문에 서북쪽 책상자리에 앉아 있게 되면 사무실에서 양이 왕성하고 상대적으로 음이 쇠하게 된다. 음양의 부조화로 사무실은 활기가 없어진다. 음양의 조화가 제일 우선적이다. 음양이 맞지 않으면 신속히 옮겨야 한다.

외부에서 찾아오는 거래처의 손님과 사장의 뜻이 맞지 않아 사장의 신경이 예민해지고 매출이 줄어든다.

출입문이 정북쪽의 水국에 중남수이고 책상자리는 서북쪽에 노부금이다.

중남과 노부는 음양이 맞지 않는다. 1년 내로 사업이 파산하여 부도가 나게 된다.

많은 물을 책상자리에서 감당하기 어려우므로 水해를 조심하고 물을 조심해야 한다.

출입문이 정북쪽에 水국인데 서북쪽에 책상을 놓고 앉게 되면 직원들이 사장의 기를 누르게 되므로 사장은 폐, 기관지병으로 고생하고 끝내는 파산하게 된다.

북동쪽 문에 북동쪽 책상자리
큰 발전 없이 현상 유지다

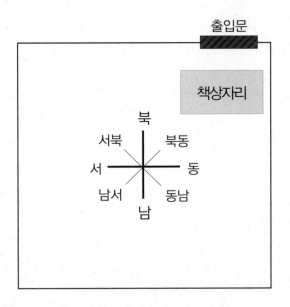

출입문이 艮문이라면 북동쪽에 土국이다. 책상을 艮좌에 놓으면 일시적으로 발운이 있으나 오래가지 못한다.

북동쪽 출입문에 북동쪽에 책상을 놓게 되면 자칫 잘못하면 출입문을 등지고 앉는 격이 되므로 좋지 않다. 출입문 쪽을 등지고 앉게 되면 잘못된 배열이다.

북동쪽 출입문에 북동쪽에 책상을 놓게 되면 음양의 배

합에서는 맞으나 오행에서는 맞지 않으므로 좋지 않다. 따라서 5년을 넘기기 힘들다. 하루속히 자리를 잘 맞추어 앉는 것이 가장 좋다.

북동쪽 출입문에 북동쪽에 책상을 놓게 되면 사무실에 발전이 없게 된다. 일시적으로 잠깐 발운이 오다가 순식간에 손해를 보게 된다.

돈이 조금씩 들어오게 되니 운영이 잘 되지 않는다. 사무실에 경험 없는 사원만 들락거리게 되니 사업이 잘 될 리가 없다.

북동쪽 출입문은 소남토이다. 책상을 북동쪽에 놓게 되면 이것은 어린 아이들끼리 사업체를 차린 것이나 다를 바가 없다. 사업이란 경륜과 경험이 필요할 터인데 경험 부족으로 오래가지 못한다.

북동쪽 출입문에 북동쪽에 책상을 놓게 되면 발전이 없고 작은 돈이 큰돈으로 발전할 수 없다. 5년 이상이 되면 사장은 신장이 약해지고 회사의 성장은 멈추게 된다.

북동쪽 문에 동쪽 책상자리
위장 수술하는 자리다

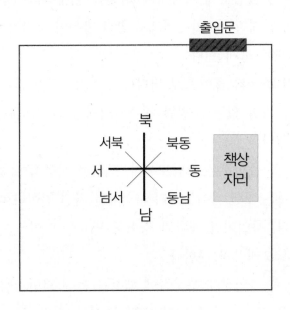

艮문은 북동쪽에 소남토 자리로서 土국이다. 책상을 卯좌에 놓는다면 동쪽에 장남목으로 木국이다. 오행이 木극土로 상극이 되는 자리배치이다.

북동쪽 출입문에 동쪽에 책상을 놓게 되면 출입문에서 들어오는 기운을 주인이 극하게 되므로 찾아오는 귀한 손님을 내쫓는 격이 된다.

신입직원이 들어오면 오래 붙어 있지 못하게 되니 회사에서 인재를 발굴할 수 없다. 3년 내로 재산이 바닥나게 되고 회사를 오래 끌고 갈 수 없게 된다.

음양의 조화가 맞지 않고 양이 왕성하게 되므로 여자 직원이 오래 근무하지 못하게 된다.

출입문이 艮문이라면 북동쪽에 소남토가 된다. 출입문에서 들어오는 기운은 土기가 계속 들어오게 되므로 그 土기를 잘 관리하면서 발전을 이루어야 한다.

북동쪽 출입문에 동쪽에 책상을 놓게 되면 가정이 편안하지 못하고 자녀문제로 고민을 하게 된다.

간문에서 들어오는 土기는 사장이 木국에다 책상을 놓고 앉아서 출입문에서 들어오는 土기를 극하므로 이것은 회사로 찾아오는 고객을 냉대하고 불친절하여 밀어내는 격이다.

출입문이 艮문인데 동쪽에 木국에 앉아 있으면 3년을 넘기지 못하고 위장이 나빠지고 끝내는 당뇨병으로 인하여 건강이 악화된다.

북동쪽 문에 동남쪽 책상자리
재정이 적자이고 소남에게 안 좋다

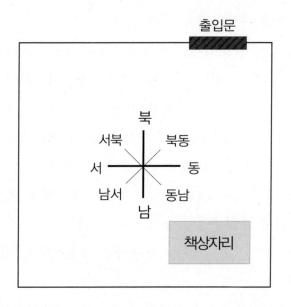

艮문은 북동쪽의 출입문이다. 책상을 巽좌에 놓는다면 동남쪽에 장녀목 자리로 木국이다. 책상자리와 출입문이 木극土로 상극의 자리배치이다.

동쪽 출입문에 동남쪽에 책상자리를 놓고 앉는다면 출입문에서 들어오는 생기를 주인이 극하게 되니 오는 손님을 제대로 관리하지 못한다.

신입직원들이 붙어 있지 못하게 되니 사무실에 유능한 인재를 육성하지 못한다. 木이 土를 극하게 되니 재정이 바닥나게 된다.

음이 왕성하게 되어 상대적으로 양이 쇠하게 되니 남자 직원들이 기를 펴지 못하게 되고 영업이 잘 되지 않는다.

艮문이면 소남토가 된다. 소남토란 작은 土이다. 그런데 책상을 놓은 자리는 장녀목이다. 작은 땅에 큰 나무를 심게 되면 흙은 나무에게 영양가를 모두 빼앗기게 되어 얼마 가지 않아 소멸되고 마는 것이다.

작은 문에서 들어오는 기운으로 허기를 달래기는 조급하여 극을 하게 되니 결국 土와 木은 쌍방이 무너지고 마는 것이다.

그렇게 되면 사업과 인재를 모두 잃게 되고 만다. 끝내는 위장병과 당뇨병으로 고생하게 되고 결국은 3년 내로 파산한다.

북동쪽 문에 남쪽 책상자리
2년 내로 부도난다

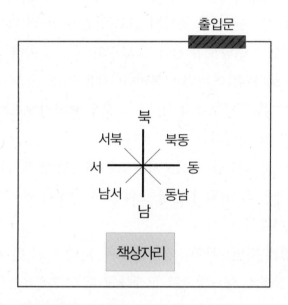

艮문은 북동쪽에 출입문이고 책상자리는 남쪽의 午좌에 중녀화 자리이다. 책상을 잘못 놓으면 사업에 진전이 없고 적자를 보게 되고 끝내는 부도가 나게 된다.

북동쪽 출입문에 남쪽에 책상을 놓고 앉게 되면 북동쪽 艮문은 차고 냉한 작은 土고 출입문에서 들어오는 기운은 火의 강한 열에 의해 눌리게 되니 좋지 않은 자리이다.

신입직원이 들어오지 못하게 되어 큰 발전을 기대할 수 없다. 금전은 조금씩 들어오게 되니 경비도 되지 않는다.

적은 자본으로 크게 일을 벌여 놓으니 자본을 충당하지 못하게 되어 어려움을 겪게 된다.

북동쪽 출입문에 남쪽에 책상을 놓고 앉게 되면 여자 직원들이 활개를 치게 되고 남자 직원들은 상대적으로 기가 눌려 활동을 할 수가 없다.

艮문이면 북동쪽의 소남토가 된다. 소남토라면 어린 소년이다.

午좌에 책상을 놓으면 남쪽의 중녀화가 되므로 土와 火는 상생하는 자리가 아니냐고 할지 모른다. 그러나 음양이 맞지 않으니 불배합이 된다. 북동쪽 출입문에 남쪽에 책상을 놓고 앉게 되면 2년 내로 투자를 잘못하면 회수가 불가능하여 끝내는 파산하게 된다.

艮문은 작은 土인데 午좌는 너무 강한 火가 내리쬐는 격이 된다. 2년 내로 위장병과 당뇨병, 고혈압 등으로 시달리게 된다.

북동쪽 문에 남서쪽 책상자리
돈은 모으나 명예는 없다

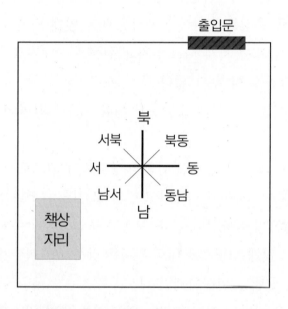

艮문은 북동향에 土국이다. 책상자리를 坤좌에 놓는다
면 노모토로서 남서쪽의 土국이다. 음양의 배합에서 잘 맞
는다. 북동쪽 출입문에 남서쪽에 책상을 놓고 앉게 되면
사장이 근검절약하고 지출을 효율적으로 하게 되므로 재
정이 불어나고 사업을 안정적으로 끌고 나가게 된다. 신입
직원을 아껴주고 잘 가르치게 되니 회사에 발전을 가져오

게 된다. 사무실 내 주도권은 여자가 쥐게 된다.

사업을 투기적으로 크게 하면 안된다. 작은 사업으로 기반을 잡아야 하고 5년 내로 발운이 따르게 된다.

종목은 의류제품으로 승부를 거는 것이 좋다. 艮문이면 소남토로서 작은 土이다. 그런데 책상을 노모토에 놓고 앉게 되면 이것은 노모가 귀한 아들을 데리고 보살피는 격이니 돈이 적게 들어와도 알차게 재산을 모으게 된다.

艮문이면 출입문에서는 작은 土기가 들어오게 된다. 책상을 놓고 앉은 자리가 노모토이므로 귀한 손자가 출입문을 들락거리고 있는 격으로 좋기만 하다. 모든 일이 희망적이고 남부러울 것이 없다.

艮문에 남서쪽의 노모토 자리는 장기적으로 앉아 있을 자리는 되지 못한다. 이것은 소남이 자라면 독립을 해야 하기 때문이다. 5년 내지 10년 내로 옮기는 것이 좋다.

북동쪽 문에 서쪽 책상자리
희망과 꿈이 크다 좋은 자리다

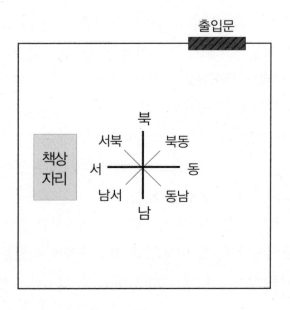

艮문은 북동쪽의 土국이다. 그런데 책상을 酉좌에 놓게 되면 소녀금으로 서쪽에 金국이다. 정서쪽과 북동 간은 정 배합으로서 책상을 酉좌에 놓은 것이 천만다행한 일이다.

북동 출입문에 서쪽에 책상을 놓고 앉게 되면 젊은 사람들이 새로운 아이디어를 가지고 새 출발하는 것으로서 장래가 촉망되는 희망이 가득한 사업이다. 4~5년 주기로 수

시로 발운이 따르게 된다.

사업가의 사주팔자에서 좋은 대운이 들어왔다면 이러한 좋은 자리를 차지할 수 있다.

북동 출입문에 서쪽에 책상을 놓고 앉게 되면 사업체를 일으키는 현상으로서 청춘남녀가 화합하는 자리배치이다.

艮문이면 북동쪽의 소남토이다. 그런데 서쪽의 酉좌는 소녀금이다. 소남과 소녀가 만났으니 희망적이다.

북동쪽의 출입문에서 들어오는 생기는 土기가 들어오게 되고 책상을 놓고 앉는 자리는 소녀가 앉아 있으니 이것은 金이다.

작은 土와 작은 金이 서로 도와주고 도움을 받게 되니 천생연분이다.

출입문과 책상을 놓는 자리는 어느 자리라도 장기적이 지는 못하다. 10년이 지나서 어느 정도 중소기업으로 발전 하게 되면 책상을 다른 자리로 옮기는 것이 좋다.

북동쪽 문에 서북쪽 책상자리
들어오는 돈보다 명예가 크다

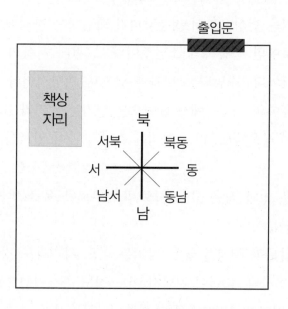

艮좌 출입문에 乾좌에 책상을 놓게 되면 정배합의 자리이다. 간좌는 북동쪽에 土국인데 책상을 놓은 건좌는 서북쪽의 金국이다. 토생금으로 상생하는 자리이다.

음양의 이치가 잘 맞으므로 사업에 성과가 있게 된다. 4년 내지 5년 주기로 발운이 따르게 된다. 사무실 내의 분위기가 딱딱하고 굳어있다. 사장의 권위와 명예욕이 대단하고 외고집으로 일관하므로 앞으로 큰 발전은 희박하다.

북동 출입문에 서북쪽에 책상을 놓고 앉으면 돈이 조금씩 들어오게 되며 명예를 크게 내세우게 되므로 오래가면 재산이 줄어든다.

艮문이면 북동쪽에 소남토가 된다. 출입문에서는 아주 적은 기운이 들어오는데 책상을 놓는 자리는 노부금의 큰 자리므로 들어오는 돈에 비하면 너무 명예에 치우치게 되니 적자에 시달린다.

사무실 내 여자 직원은 매사가 잘 풀리지 않게 되고 여직원 수가 줄어들게 된다.

출입문에서 들어오는 기운에 비해 책상을 놓고 앉은 자리는 너무 큰 자리로서 영구적인 자리가 되지 못한다.

북동쪽 출입문에 서북쪽에 책상을 놓고 앉게 되면 4년 내지 5년 내로 책상을 옮겨야 한다.

오래가면 위장이 약해지고 재물이 줄어들게 되니 끝내는 적자를 보게 된다.

북동쪽 문에 북쪽 책상자리
적자 나고 소남에게 좋지 않다

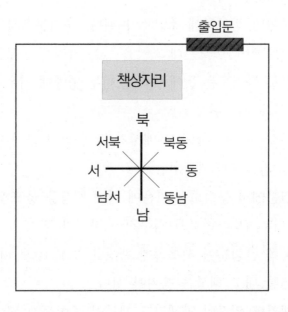

艮문은 북동쪽의 土국이다. 책상을 북쪽에 놓게 되면 水국이다. 土와 水는 상극이 되어 불배합이 되는 자리로서 가장 흉한 자리가 된다.

북동쪽 출입문에 북쪽에 책상자리를 놓고 앉게 되면 1년 내로 흉한 일을 당하게 된다. 특히 관재구설수가 외부로부터 들어오게 된다. 남자 직원들끼리 싸우게 되고 사무실의 분위가가 어수선하여 사업이 부진하고 끝내는 파산하게 된다. 艮문이면 북동쪽에 출입문이니 차가운 냉기가 들어온다.

그런데 책상자리마저 북쪽의 水국에 앉게 되니 한번 피어보지도 못하고 마는 것이다. 간문이면 북동쪽에 소남토이고 책상자리는 중남수가 된다.

이렇게 되면 출입문에서 들어오는 土기는 미약한데 많은 물이 씻어 내려가게 되니 1년 내지 2년 내로 재정이 바닥나게 된다.

사무실 내 여직원이 오래 근무하지 못하고 음양이 맞지 않으므로 사업에 활기를 띠지 못한다.

홍수를 조심해야 하고 많은 물이 있는 곳을 피해야 한다. 자칫하면 물에 떠내려가거나 수해를 입을 수 있다.

북동쪽 출입문에 북쪽에 책상자리를 놓고 앉게 되면 1년 내로 신장과 위장이 고장나게 된다. 이것은 돈 잃고 건강까지 잃게 되니 매사가 허사가 되고 만다.

동쪽 문에 동쪽 책상자리 3년 내로
크게 발복한다 이후는 발복이 없다

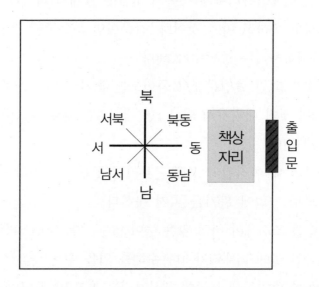

卯문이면 장남목으로 동쪽에 木국이다. 책상을 卯좌에 놓게 되면 쌍목이 된다. 목(木)은 원래 자라나는 현상이므로 재산이 불어나게 되고 장사가 잘 되는 자리이다.

동쪽의 출입문에 동쪽의 책상자리에 잘못 앉으면 출입문을 등지고 앉게 되므로 주의해야 한다. 동·서사택 배합에서 맞다 해도 오래가면 좋지 않다.

3년까지는 발운이 따르나 그 이후에는 적자를 보게 되므로 장기적으로 앉게 되면 끝내는 부도가 나게 된다.

　모든 사물은 음양과 오행이 상생하는 가운데에서 발전을 가져오게 된다. 사무실 내에는 여자 직원이 줄어들고 음양의 조화가 맞지 않게 된다.

　木국에 출입문인데 책상마저 목국에 놓게 되면 음양의 조화가 맞지 않고 단순하여 발전이 없다.

　卯문이면 출입문에서는 木기가 계속 들어오게 된다. 그런데 동쪽에 책상을 놓고 앉게 되면 밀림지대에 비유할 수 있다. 나무는 하늘 위로만 보고 자라게 되므로 사회생활이 부진하여 회사의 발전을 기대할 수 없다.

　동쪽의 출입문에 동쪽의 책상자리에 앉게 되면 3년이 지나면 水기가 고갈되어 화재의 위험이 높다. 끝내는 신장의 기능이 약해지게 되고 간장이 나빠진다. 3년을 넘기지 말고 옮겨야 한다.

동쪽 문에 동남쪽 책상자리 처복이 있다

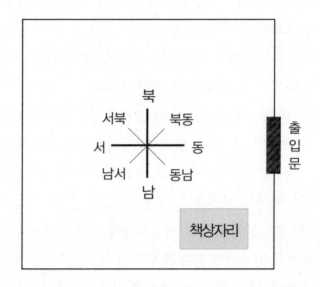

卯문은 동쪽 출입문에 장남목이고 巽좌에 책상자리를 놓게 되면 동남쪽이 장녀목 자리가 되므로 장남과 장녀는 음양이 잘 맞는 자리가 된다.

卯문에 巽좌에 책상을 놓게 되면 남녀가 만났으니 사업도 잘 되고 실내 분위기가 화목하여 날로 번창하게 된다.

사무실에서 근무하는 사람들은 신장의 기능이 저하되므로 水기를 보충해야 한다.

6년까지는 발운이 따르게 되어 회사가 번창하나 오래가

면 좋지 않다.

음양은 잘 맞으나 오행이 맞지 않으므로 오래가면 내분이 일어나게 되어 동업자 간에 싸우게 되므로 오랫동안 앉을 자리는 못 된다.

卯문이면 동쪽의 출입문인데 책상을 동남쪽에 놓고 앉게 되면 출입문과 책상자리는 쌍목이 되어 오래가면 크게 발전이 없고 간장과 신장이 악화되니 3년을 넘기지 말고 옮기는 것이 좋다.

동쪽 문에 남쪽 책상자리 부부 금슬이 좋다

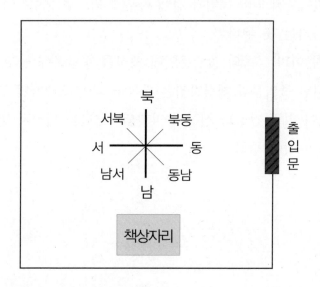

卯문이면 동쪽에 木국이다. 책상을 午좌에 놓으면 남쪽에 火국이다. 음양의 조화가 잘 맞으니 금시발복이 있는 자리배치이다. 사무실 내에서 남녀 직원의 화합이 잘 되고 영업활동에 활기가 가득하다.

2~3년 주기로 발운이 따르고 사업체가 급부상하여 대기업을 이룰 수 있다.

사무실에 火기가 강하므로 화재의 위험이 따른다. 업종은 水에 해당하는 사업을 하거나 사무실에서도 어항 등 물을 비치해 두어야 한다.

동쪽 木국의 출입문에 책상을 남쪽에 놓고 앉게 되면 이 것은 출입문에서 들어오는 木의 기운이 木생火로서 사업이 날로 번창하게 된다.

卯좌의 출입문에 남쪽의 火국에 책상을 놓고 앉게 되면 급속히 발복이 따르게 되므로 이는 금시발복하는 자리가 된다.

풍수인테리어로 金기와 水기로 보충하는 것이 좋다. 그렇지 않으면 심장이 왕성해지게 되며 혈압이 염려스럽다.

사업은 날로 번창하여 중소기업에서 대기업으로 발전할 수도 있다. 허나 그것은 사업을 하는 사람의 사주운도 있기 때문에 뭐라 할 수는 없다. 그러나 자리는 음양오행에서는 최상의 자리다.

동쪽 문에 남서쪽 책상자리
여자에 좋지 않고 위장병 있다

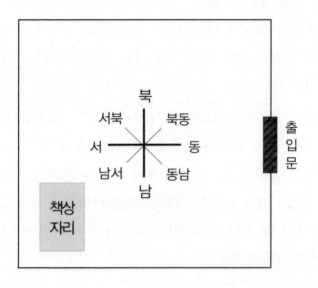

卯문이면 동쪽에 木국이다. 책상을 坤좌에 놓게 되면 남서쪽에 土국이다.

출입문에서 들어오는 木기는 책상자리를 극하게 되니 음양과 오행에서 불배합의 자리배치이다. 卯문에 坤좌에 앉게 되면 사장이 돈을 지키려 해도 직원들이 영업상 돈을 많이 쓰게 되므로 매번 적자가 쌓이게 된다.

양이 왕성하여 남자들이 천방지축이고 상대적으로 여자

직원은 시달리게 되므로 음양의 조화가 맞지 않는다.

3개월 내지 3년 내로 자본이 바닥나게 되고 파산하게 된다. 오행에서는 목극토하여 음양과 오행이 맞지 않게 된다.

출입문이 동쪽이면 장남목이 된다. 그런데 책상을 남서쪽에 놓고 앉게 되면 남서쪽은 노모토가 된다. 이것은 음양과 오행이 맞지 않는다. 양택의 배합에서 『주역』의 8괘에서는 정확하게 음양을 나누게 된다.

여기에서 음양이란 동서사택에 해당된다. 음은 음으로 양은 양으로 나뉘게 되는 것이다.

출입문이 동쪽의 木국인데 남서쪽에 책상 놓고 앉게 되면 출입문에서 들어오는 木기가 왕성하여 책상자리의 土를 극하게 되니 재정이 바닥나게 된다. 卯문에 坤좌에 앉게 되면 위장이 나빠지게 되고 건강이 악화된다. 3년 내로 자리를 옮기지 않으면 끝내는 관재구설수와 시비로 부도가 나게 된다.

동쪽 문에 서쪽 책상자리 장남은 관재수 있고 교통사고 조심해야 한다

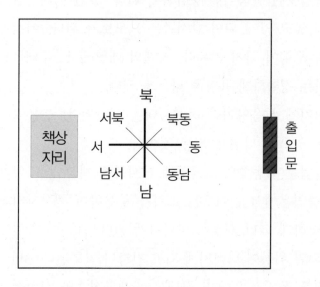

卯문이면 동쪽에 장남목이다. 책상을 서쪽의 소녀금 자리인 金국에 놓으니 金과 木이 마주 보고 극을 하게 되며 금극목이 되는 자리배치이다.

卯문에 酉좌에 책상을 놓으면 회사 내에서는 여직원이 소란을 피우게 되니 남자 직원들이 영업에 지장을 받게 된다. 3년 내에 관재구설수와 액운이 따르게 되니 회사가 문을 닫게 된다.

매사가 부딪치는 것이니 정면을 피하는 것이 좋다. 예부터 출입문을 마주 보고 앉지 말라는 속담이 있다. 이곳은 3년 내로 파산하게 된다.

교통사고 등을 조심해야 하고 외부와 부딪치는 일이 빈번하고 재물이 줄어든다.

동쪽의 출입문이면 장남목이고 서쪽은 소녀금이 된다. 소녀금이란 작은 金을 말한다. 나무와 쇠가 부딪치게 되면 나무가 상하게 되지만 작은 쇠와 큰 나무가 부딪치게 되면 쇠가 찌그러지게 되는 이치이다.

동쪽 출입문에서는 木의 기운이 들어오고 있다. 그런데 주인은 성격이 다른 金국에 앉아 있게 되면 손님과 주인은 의견이 충돌되므로 매사가 회사에 해를 끼치게 된다.

동쪽에 출입문을 서쪽에서 마주 보고 있다면 매사가 부딪치는 것이므로 정면을 피하는 것이 좋다.

동쪽 문에 서북쪽 책상자리
장남 교통사고 나고 시비가 잦다

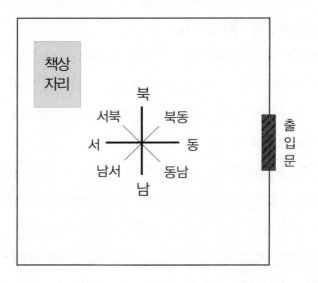

卯문은 동쪽의 木국이다. 책상자리를 乾좌에 놓는다 함은 서북쪽에 金국이다. 金극木으로 상극의 자리배치이다.

사무실이 대단히 소란스럽고 다툼이 심하여 사업이 부진하게 된다.

직원들 중 고위간부가 교통사고 등 관재구설수에 시달리게 된다.

3년 내에 각종 관재구설수와 시비로 직원들이 나날이 줄어들게 된다.

양이 왕성하여 남자끼리 다투게 되고 상대적으로 음이
쇠하여 여자 직원의 수가 줄어들게 된다.

卯문이면 정동쪽에 출입문인데 정동쪽은 장남목이고 서
북쪽에 책상자리는 노부금으로 金은 木을 치게 되니 3년
내로 관재구설수나 교통사고로 피해를 보게 된다.

卯문에 乾좌에 기두가 된 가상이라면 화복론에서 3년이
라 했지만 거의 1년 7개월 내지 1년 8개월 만에 교통사고
가 발생하게 된다.

동쪽 출입문에서는 木의 기운이 들어오는데 책상을 서
북쪽에 놓고 앉게 되면 제일 먼저 사장이 간장이 나빠지게
되어 건강까지 잃게 된다.

동쪽 문에 북쪽 책상자리
남자가 승승장구하여 돈과 벼슬한다

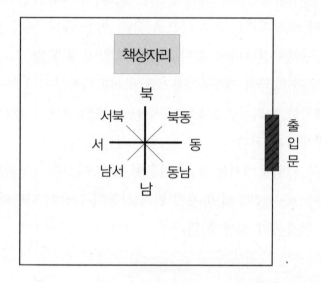

卯문은 정동쪽의 木국이 된다. 子좌에 책상을 놓으면 정 북쪽에 水국의 자리이다. 水生木으로 상생하는 대단히 좋은 자리가 된다.

卯문이면 장남목인데 子좌는 중남수로 水는 자동적으로 木을 돕게 되고 사무실로 찾아드는 고객과 뜻이 잘 맞으므로 사업이 저절로 활기를 찾게 된다.

1년 내지 3년 주기로 발복이 있게 되고 사업이 크게 확장된다.

여직원들이 오래 견디지 못하게 되나 남자 직원들은 영업활동이 매우 활발하다. 오래도록 앉아 있어도 무방하다. 10년 내지 13년 주기로 발운이 찾아들게 된다.

출입문에서는 木의 기운을 水기가 받아서 성장하게 되므로 매사가 승승장구하게 된다.

회사 내에서는 물건의 발주를 지속적으로 받게 되고 외부에서 활동하는 사원들 또한 영업이 활발하여 금시발복하게 된다.

제조업을 하는 업체라면 큰 발전을 가져오게 된다. 그러나 어느 정도 성장하면 책상을 옮기는 것이 더욱 좋다.

공부하는 학생이라면 원하는 곳에 합격하게 되고 공직에도 가능하여 최상의 자리임에는 틀림없다.

동쪽 문에 북동쪽 책상자리
소남이 위장병 생긴다

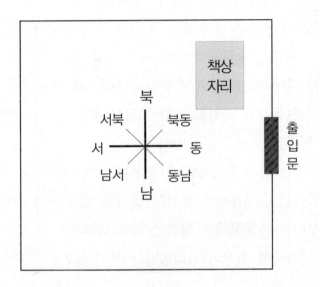

출입문이 卯문이면 정동쪽에 木국이다. 그런데 책상을 艮좌에 놓는다면 북동쪽에 土국이 된다. 木극土가 되니 불배합이다.

적은 자본을 가지고 운영하게 되는데 직원들이 외부에서 활동하면서 자본을 탕진하게 된다.

남자 직원 간에 다투고 시비가 잦으므로 상대적으로 여자 직원들이 줄어들어 음양의 조화가 맞지 않는다.

사무실 내 신입직원들은 오래 앉아 있지 못하고 회사에 발전을 가져올 수 없다.

출입문에서는 木의 기운이 들어오게 되는데 책상을 놓고 앉은 방위는 북동쪽에 소남토가 된다.

土와 木은 상극으로 3년 내로 파산하게 된다.

동쪽에서 들어오는 木기는 사장을 극하게 되므로 하는 일마다 시비가 생기고 관재구설수와 마찰로 인하여 시달리게 된다.

동쪽 출입문에 북동쪽에 책상을 놓고 앉게 되면 사장이 당뇨병에 시달리고 돈을 잃고 건강마저 잃게 되는 격이다. 끝내는 당뇨와 혈병에 시달리게 된다.

특히 소남에게 좋지 못하여 3년을 넘기지 말고 책상을 바꾸어 앉는 것이 최상이다. 특히 공부를 하는 학생이라면 낙방은 따놓은 당선이다.

동남쪽 문에 동남쪽 책상자리
남자들의 영업활동이 부진하다

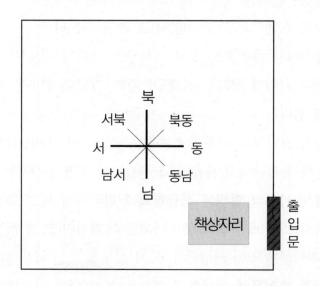

출입문이 동남쪽의 木국이다. 그런데 책상자리를 巽좌에 놓게 되면 일시적으로 발운이 있게 된다. 음양에서는 배합이 되나 오행이 맞지 않는 자리배치이다.

巽문에 巽좌에 앉게 되면 2개의 木이 겹치게 되어 사무실 내에 직원들이 분주하고 바쁘게 움직이게 된다. 3년까지는 발전이 있으나 크게 재물이 들어오지는 않는다.

6년 내에 자리를 옮기는 것이 좋다. 음양의 상생이 없으니 오래가면 기운이 시들게 되고 재물이 줄어들게 된다.

사무실 내 음이 강하여 여자 직원들이 득세하게 되고 양이 쇠하므로 남자들의 영업활동이 부진하다.

금시발복이 있으나 3년 내로 책상을 옮겨 앉아야 한다. 출입문에서 木기가 들어오게 되는데 동남쪽에 책상자리를 놓으면 자칫 출입문을 등지고 앉을 수 있다. 그렇게 되면 사장은 간장에 손상을 입는다.

동남쪽 출입문에 동남쪽에 책상자리를 앉게 되면 3년 내로 신장이 나빠지게 되고 건강이 악화된다. 모든 건강은 신장이 첫 번째로 신장이 나빠지면 매사가 뜻대로 되지 않는다.

음양에서는 불배합이 아니지만 오행이 맞지 않는 자리이다. 이 자리는 가상학에서는 불배합은 아니나 음양이 맞지 않아서 좋지 못하여 현상유지 밖에는 없다.

동남쪽 문에 남쪽 책상자리
화합이 잘 되고 돈을 모으는 자리다

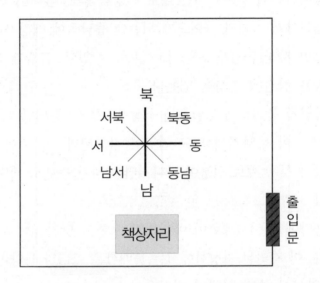

출입문이 巽좌라면 동남쪽에 木국이다. 책상을 午좌에 놓는다면 남쪽에 火국이다. 오행이 木생火로 발복을 하게 되니 길한 자리이다.

巽문에 午좌에 앉게 되면 2년 내지 3년 내로 큰돈을 벌어들일 수 있다. 그러나 여자 직원을 많이 채용하게 되고 여자 직원들에 의해 영업이 이끌려가는 경우가 된다.

사무실 내에 여자 직원들이 득세하고 남자 직원들이 상

대적으로 쇠하게 되니 장기적으로는 외교가 불가능하게 되어 5년 내로 회사가 적자에 시달린다.

초기에는 크게 발복이 있으나 오래가면 좋지 않다. 이러한 자리배치의 사무실에서는 2년 내지 3년마다 화재가 발생하게 되므로 조심해야 한다.

출입문에서는 木기가 계속 들어오게 된다. 午좌라면 남쪽에 火국으로서 木과 火는 상생하므로 火기가 왕성하다.

사무실로 찾아오는 사람마다 회사에 이익을 가져오게 되므로 회사는 급속도로 발전하게 된다. 5년 정도 발복하여 회사가 성장하게 되면 책상을 옮기는 것이 좋다.

동남쪽 출입문에 木기가 왕성하게 들어오는데 책상을 남쪽에 놓게 되면 火기가 왕성하여 금시발복이 있으나 상대적으로 水기와 金기가 부족하여 사무실 내에 금기와 수기로 보충하는 것이 좋다.

동남쪽 문에 남서쪽 책상자리
여자끼리 다투고 위장이 상하는 자리다

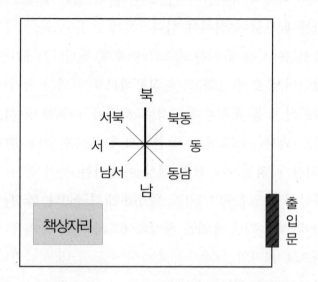

巽문은 동남쪽의 木국이다. 책상을 坤좌에 놓고 앉게 되면 남서쪽에 土국이다. 木극土로 상극이 되므로 불배합 자리가 된다.

출입문에서 들어오는 생기는 책상자리를 극하게 되어 좋지 않다.

사업은 급격히 기울게 되고 외부에서 여자를 조심하지 않으면 크게 망신을 당하게 되는 자리이다.

사무실 내 여자 직원끼리 다투게 되고 상대적으로 남자 직원은 영업에 지장을 받게 된다.

외부에서 찾아오는 손님과 사장이 뜻이 맞지 않으니 시빗거리가 발생하고 관재구설수가 따르게 된다.

직장인이라면 파직을 당하고 자영업자는 파산하게 되는 자리배치이다. 3년을 넘기지 못하게 되니 하루속히 옮기는 방법밖에 도리가 없다.

巽문이면 동남쪽의 출입문이다. 『주역』 8괘에서 손문은 장녀목이다. 출입문에서는 木기가 계속 들어오게 된다.

책상을 놓고 앉아 있는 자리가 서남쪽이라면 노모토가 된다. 木은 土를 극하여 결국 재산이 달아나게 된다. 노모에게 안주인이 극을 받게 되어서 좋지 못하다.

인체에서 위장이 土에 해당하기 때문에 토가 극을 받게 되어서 위장이 상하게 된다.

동남쪽 문에 서쪽 책상자리
음양이 맞지 않아 다툼이 많다

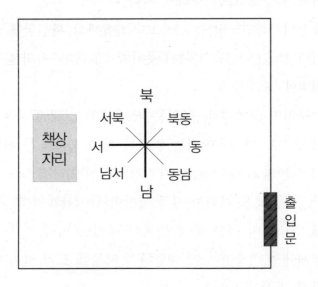

출입문이 巽문이면 동남쪽에 木국이고 책상을 酉좌에 놓게 되면 서쪽의 金국이다. 음양과 오행이 맞지 않는다. 金극木으로 극을 하게 되므로 사무실에서는 싸움이 일어나게 된다.

여자 직원끼리 다투게 되며 상대적으로 사무실의 분위기가 좋지 않아 영업에 지장을 받게 된다.

사무실 내에서 음이 득세하고 상대적으로 양이 쇠하므

로 남자 직원들의 영업활동이 부진하다.

巽문이면 장녀목이고 책상자리는 소녀금이다. 출입문에서 들어오는 木기를 金이 배척하게 되니 손님을 내쫓는 격이 된다.

동남쪽 출입문에 서쪽에 책상을 놓고 앉게 되면 사업관계로 찾아오는 사람과 음양이 맞지 않으므로 매사에 다툼이 잦게 된다. 특히 사무실 내에 여자들이 득세하여 난장판이 된다.

동남쪽 출입문에 서쪽에 책상을 놓게 되면 공직자는 파면이요, 직장인은 파직이요, 자영업자는 파산을 하게 된다.

3년 내로 하루속히 옮겨 앉는 것이 좋다. 3년 내로 적자를 면치 못하고 파산하게 된다. 그러나 대체적으로 3개월 내지 4개월 내에 이러한 일이 발생하게 된다. 간장과 폐, 기관지가 약해진다. 이러한 자리는 하루 빨리 책상을 바꾸어 주는 것만이 최상의 약이다.

동남쪽 문에 서북쪽 책상자리
돈이 점점 줄어드는 자리다

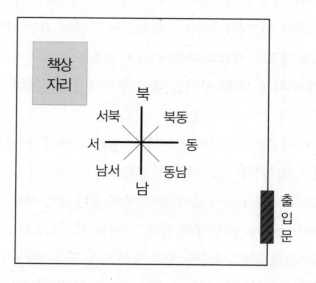

巽문이면 동남쪽에 木국이다. 책상을 酉좌에 놓게 되면 서북쪽의 金국이다. 金과 木은 극을 하게 되므로 흉한 자리가 된다.

출입문에서 들어오는 木기는 책상자리와 부딪치게 되므로 매사에 다투는 일이 발생하게 되고 관재구설수도 심심찮게 일어난다.

사무실 내 여직원이 다치게 되고 상대적으로 남자 직원

들이 득세하게 되고 음양의 조화가 맞지 않는다.

여자로 인하여 말썽이 생기게 되니 현재까지 벌어놓은 재물과 쌓아 놓은 명예가 하루아침에 실추된다. 동남쪽 출입문에 서북쪽에 앉게 되면 3년 내로 교통사고가 나게 되며 인명이 위험하다.

사업의 부진을 따질 여유가 없다. 특히 간, 폐, 기관지가 약해지므로 만사가 귀찮게 된다. 巽문이면 동남쪽에 출입문으로서 『주역』 8괘에서는 장녀목이다.

출입문에서는 木의 기운이 들어오게 된다. 그런데 책상을 서북쪽에 놓게 되면 노부금으로 金의 기운이 된다.

출입문에서 들어오는 기운을 책상자리가 배척하게 되므로 항상 손해를 입게 된다.

출입문의 한 곳마다 책상을 놓을 수 있는 자리는 8자리가 된다. 8곳마다 길흉화복이 달라지므로 각별히 주의해야 한다.

동남쪽 문에 북쪽 책상자리
사업이 번창하는 자리다

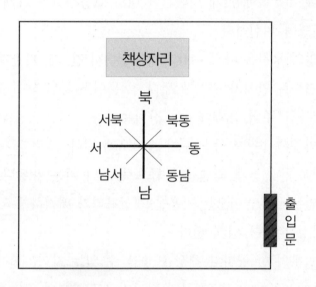

　巽문이면 동남쪽에 木국이다. 책상자리를 子좌에 놓게 되면 북쪽에 水국이다. 水생木으로 상생하는 자리로서 대단히 길한 자리가 되니 승승장구하게 되어 사업이 번창한다. 여직원의 덕이 크고 매사가 순조롭게 돌아가게 된다. 직원들도 여자 직원을 채용하는 것이 영업에 이익이 있다.

　1년 내지 3년 주기로 발복이 있게 되니 직원이 늘어나게 되고 재물이 쌓이게 된다. 대운에서는 10년, 30년 간격으로 크게 발복이 있게 된다.

성격이 고지식하여 자칫하면 외교에 소홀할 수 있으므로 외부인의 조언을 참고해야 한다. 여성이 사장이거나 여성의 내조가 크게 되므로 부인이 사무실에서 같이 사업을 하게 되는 경우가 많다.

巽문이면 동남쪽의 출입문으로서 장녀목에 해당이 된다. 책상을 子좌에 앉게 되면 북쪽의 중남수가 된다.

출입문에서 들어오는 木기는 水기가 상생하여 주므로 나날이 발전을 가져오게 된다.

오행에서 木이 왕성하게 되면 金기가 부족하므로 상대적으로 부족한 기를 보충하는 것이 좋다. 제조업을 하게 되면 성장할 수 있고 공직자가 앉아 있다면 진급을 거듭하게 된다.

출입문에서 들어오는 기운과 책상을 놓는 자리는 음양과 오행이 잘 맞아야 배합되는 것이다. 가령 하나의 출입문에 8곳에 책상을 놓을 수 있다면 출입문이 8방위에서 나올 수 있으니 8×8=64자리에 책상을 놓을 수 있다.

동남쪽 문에 북동쪽 책상자리
사장 명예가 실추된다

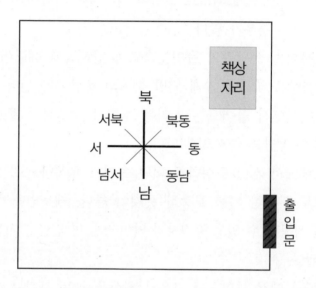

巽문은 동남쪽에 木국이다. 책상을 艮좌에 놓게 되면 북동쪽에 土국이 된다. 출입문에서 들어오는 생기는 木기가 되어 책상자리를 극하게 되므로 불배합의 자리가 된다.

외부에서 여자로 인하여 피해를 보고 사장이 다치거나 명예가 실추되고 재산이 줄어든다. 사업이 부진하여 3년을 넘기지 못하게 된다. 관재구설수 내지는 사무실 내에서 여직원으로 인하여 피해를 입는다.

사무실 내 음이 왕성하여 남자 직원들의 기가 죽게 되고 영업활동이 부진하게 되니 적자를 면치 못한다.

출입문이 巽문이면 동남쪽의 장녀목이다. 그런데 책상을 북동쪽에 놓게 되면 소남토가 된다.

동남쪽 출입문에 북동쪽에 앉게 되면 간통사건 등 관재구설수가 따르고 재물과 명예가 실추되므로 끝내는 파산하게 된다.

3년 내로 재정이 줄어들고 결국 부도가 나게 된다. 위장병이 악화되어 당뇨로 이어져 끝내는 혈병으로 시달리게 된다.

『주역』의 8괘에서는 8방위로 화복을 논하게 되는데 간단히 생각해선 안된다. 8방위에 8군데 책상을 놓게 되면 8×8=64자리라고 하지만 사장과 경리자리와 출입문을 논하면 더욱 많은 자리가 나오게 된다. 따라서 조그마한 사무실에 비하면 무궁무진한 화복론이 나오게 되는 것이다.

동남쪽 문에 동쪽 책상자리
3년까지는 크게 발복한다

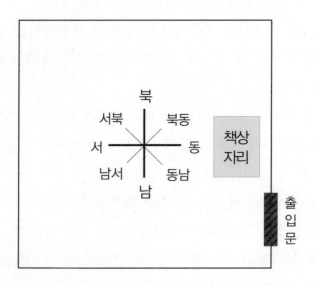

巽문이면 동남쪽에 木국이다. 책상을 卯좌에 배치하게 되면 동쪽에 木국이 된다. 木이 합치니 쌍목이 된다. 일시적으로 발복이 있게 된다.

巽문에 卯좌에 앉게 되면 음양은 맞지만 오행이 맞지 않으므로 초기에는 발복이 있으나 오래가지 못한다. 3년까지 다소의 발운이 따르게 된다.

상대적으로 金기가 부족하여 명성을 얻을 수 없으며 사

장은 고지식하여 남의 말은 듣지 못하고 외부와의 정보가 교환되지 못하므로 영업이 부진하다.

동남쪽의 출입문에 동쪽에 책상을 놓게 되면 2년 내지 3년 주기로 발복이 따르게 되나 크게 기대하지는 못한다. 3년 내로 옮겨 앉는 것이 좋다.

巽문이면 동남쪽에 木국이다. 그런데 책상을 卯좌에 놓게 되면 장남목이다. 장남과 장녀의 음양은 맞다. 그러나 오행이 상생이 되지 못하고 비견급이다. 비견급이란 같은 성질을 뜻함이다.

동남쪽의 출입문에 동쪽에 책상을 놓게 되면 공직자에게는 적당하나 사업자나 관공서에서는 적합하지 못하다.

3년이 지나면 간장이 나빠지게 되어 간염이 오게 된다. 따라서 신장기능이 저하되므로 건강을 조심해야 한다.

남쪽 문에 남쪽 책상자리
여자들 다툼이 많고 화재 조심

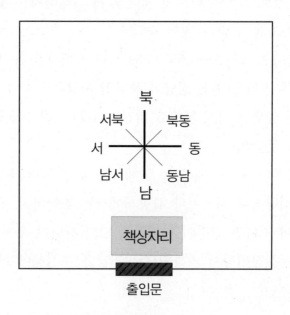

午문이면 정남향에 火국이다. 책상자리를 火국에 놓고 앉게 되면 火가 겹쳐서 금시발복이 있으나 장기적으로 앉게 되면 좋지 않다.

午문에 午좌에 앉게 되면 여자의 도움으로 처음에는 다소의 발전을 가져오게 된다. 그러나 오래가게 되면 사무실 내 여자들끼리 시기와 질투로 인하여 사업에 지장을 받게 된다.

사무실 내에서 여자들끼리 다툼이 잦게 되고 오래가면 화재의 위험이 커진다. 실제로 午문에 午좌에 앉았던 사람들 대부분이 혈압이 높으며 끝내는 혈압으로 쓰러진 경우가 많다.

중녀화로서 집안에 음기가 득세하고 양기가 쇠하게 된다. 모든 사물은 음양의 조화가 맞아야 한다.

午문이면 정남쪽에 중녀화이다. 책상을 남쪽에 놓게 되면 자칫하면 출입문을 등지고 앉는 경우가 된다.

과거부터 출입문을 등지고 앉지 말라 했으니 이것은 火기가 들어와서 등을 치기 때문이다.

사업이 부진한 것은 물론이요, 심장이 악화되어 끝내는 심장병에 시달리게 되어 모든 일이 허사가 된다.

2년이 지나면 재산이 줄어들게 되고 남는 것이 없게 되므로 2년 내로 책상자리를 옮기는 것이 좋다.

남쪽 문에 남서쪽 책상자리
여주인 당뇨에 재산이 줄어든다

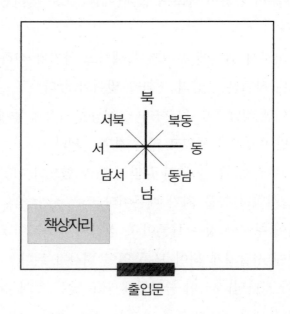

출입문이 午문이면 남쪽의 火국이다. 책상을 坤좌에 놓고 앉게 되면 남서쪽의 土국이다. 음양이 맞지 않으니 불배합이다.

여자 직원끼리 갈등이 심하여 바람 잘 날이 없다. 2년 내로 사업이 기울게 되고 수입이 줄어들고 돈을 끌어들여도 '밑 빠진 독에 물 붓기'이다.

午문에 坤좌에 책상을 놓고 앉게 되면 여자들이 득세하고 상대적으로 양이 쇠하여 남자들의 영업이 부진하다.

2~7년 내로 이사를 해야 한다. 火기와 土기가 왕성하므로 실내인테리어는 음양과 오행의 조화를 맞추어주는 것이 중요하다. 이러한 책상자리도 음양의 이치에 맞게 실내를 꾸며준다면 일시적인 효과를 볼 수 있다. 午문이면 정남쪽에 중녀화이다. 坤좌에 책상을 놓게 되면 남서쪽에 노모토가 된다.

출입문에서 들어오는 기운은 왕성한 火기가 계속 들어오는데 책상을 놓고 앉은 자리는 건조한 土기가 되어서 火기를 받아들이지 못하는 형국이다.

남쪽 출입문은 왕성한 火기가 들어오는데 화기를 식혀줄 만한 세력이 없으므로 사무실 내 분위기가 급박하게 돌아가게 된다.

남자들이 활동에 제약을 받게 되어 기가 눌리게 되므로 회사에 발전을 가져올 수 없다. 1년 내로 재정이 바닥나게 되고 화병으로 인하여 위장과 건강이 나빠진다.

남쪽 문에 서쪽 책상자리
재물 줄고 폐, 기관지병 온다

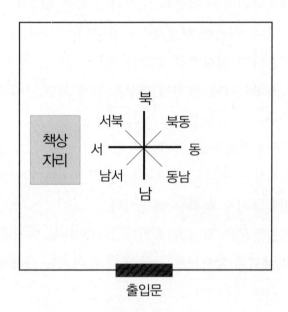

출입문

午문은 정남쪽에 火국이다. 화극금하는 상극의 자리이
다. 어떤 오행이라도 극을 하게 되면 이것은 매우 흉한 자
리이다. 양택에서는 불배합으로 보게 된다.

午문에 酉좌에 책상을 놓고 앉게 되면 단시일 내에 파산
하고 명예 또한 실추되므로 매우 좋지 못한 자리이다.

출입문에서 들어오는 생기는 火기이므로 주인의 자리를

극하게 되므로 그 자리를 순순히 내어주는 격이다.

사무실 내에서는 여자 직원끼리 다투게 되고 남자 직원들은 설 자리가 없게 되므로 회사에 발전이 없다.

午문이면 정남쪽에 중녀화가 된다. 그런데 책상을 酉좌에 놓게 되면 정서쪽에 소녀금이다. 소녀와 중녀가 다투게 되므로 집안에 망신살이 끊이지 않는다.

정남쪽에 출입문이 있으면 그곳에서 들어오는 생기는 火기가 계속 들어오고 있다. 그런데 책상을 金국에다 놓고 앉아 있으므로 火기에 부딪쳐 金이 극을 받게 되므로 손해를 입게 된다.

출입문과 책상자리는 음양의 이치가 맞아야 하는 법인데 음양과 오행에서는 극이 되면 매사가 순조롭지 못하다. 2년 내로 재물과 명예가 실추되고 끝내는 폐, 기관지가 악화되니 건강과 재물을 모두 잃게 된다.

남쪽 문에 서북쪽 책상자리
남자주인 명예 실추되고 폐병 온다

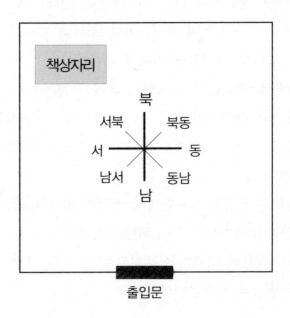

午문이면 남쪽에 火국이다. 책상을 乾좌에 놓고 앉게 되면 火와 金은 화극금으로 상극이 된다. 양택에서는 이것을 불배합으로 매우 흉하게 본다.

재산과 명예가 모두 상실된다. 출입문에서 들어오는 火기가 책상자리의 노부금의 金기를 녹이므로 명예가 실추된다.

午문에 乾좌에 앉게 되면 관재구설수가 자주 발생하게 되고 파산하게 된다.

여자로 인하여 손해를 보게 되니 외부에서는 남녀관계로 인하여 명예와 재물을 탕진하게 된다.

노부와 중녀는 세대차이가 나게 되고 음양이 또한 맞지 않는다.

남쪽 출입문에 서북쪽에 앉게 되면 2년 내로 폐, 기관지가 나빠지고 명예와 재산은 물론 건강까지 잃게 된다.

2개월이 지나면서 머리가 아프게 되며 혈압이 올라가게 되어 급속도로 건강이 나빠지므로 하루속히 옮겨 앉는 것이 상책이다.

남쪽 문에 북쪽 책상자리
금시발복하고 혼사가 생긴다

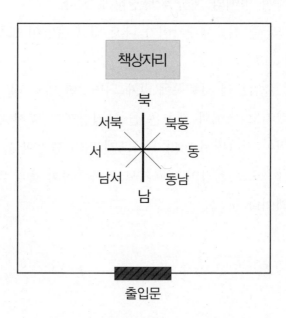

午문은 남쪽에 火국이다. 子좌면 북쪽에 水국이다. 정남
과 정북은 음양의 조화로서 서로 마주보고 있다. 양택에서
음양의 이치로서 대단히 길한 자리이다. 午문에 子좌에 책
상을 놓게 되면 水火는 음양이므로 차고 언 물에 따뜻한
火의 기운이 데워주는 격이니 금시발복하게 되며 1년 내지
2년 내로 재산을 모을 수 있다.

午문에 子좌에 책상을 놓게 되면 사무실 내에 화기애애한 분위기 속에서 직원들과 사장의 관계가 돈독해지고 협동을 하게 되니 사업이 번창한다. 1년 내지 2년 내로 금시 발복이 있다. 대운에서는 10년 내지 20년 동안 크게 발복이 있게 된다. 午문이면 정남쪽에 중녀화이다. 그런데 子좌면 정북쪽에 중남수가 된다. 중녀와 중남이 만났으니 시간 가는 줄 모르는 전성기가 된다. 음양의 이치에서 8방위 중에서도 제일로 취급하는 길격이다.

더운 기운과 추운 기운이 어울리게 되어 매사가 반갑고 서로를 도와주게 되니 창조가 일어나게 되는 격이다.

음양의 이론에서 水火는 음양이요, 물과 불은 상극이면서 없어서는 안될 조화로서 이 세상의 창조가 물과 불에서부터 시작되었으므로 양택 풍수지리에서는 이것을 최상의 길격으로 보는 것이다.

남쪽 문에 북동쪽 책상자리
집문서 날아가고 2년 내로 파산한다

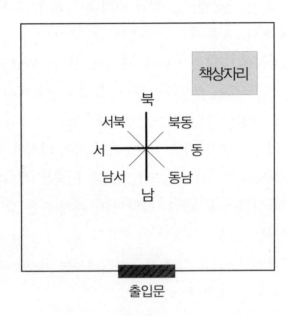

출입문이 午문이면 남쪽의 火국이다. 책상자리는 艮좌에 북동향의 土국이다. 음양의 이치에서 벗어나게 되므로 불배합으로 좋지 못하다. 직원들끼리 싸움이 그치지 않게 되며 양택의 3대 조건에서 벗어나게 된다. 사무실도 예외가 아니다. 사무실 내에 건조한 기운이 감돌게 되고 관재구설수로 시달리게 된다.

남쪽의 출입문에서는 火기가 계속 들어오게 되는데 책상을 북동쪽에 놓으면 소남토가 많은 火기를 감당하지 못하게 되므로 결국은 2년 내로 파산하게 된다. 여직원의 부주의로 인하여 손해가 따르고 신입직원이 과다 업무로 시달린다.

午문이면 정남쪽에 중녀화이다. 그런데 책상을 艮좌에 놓게 되면 간좌는 북동쪽에 소남토이다.

양택 풍수에서는 東西의 음양의 이치로서 동사택의 양은 양끼리 서사택의 음은 음끼리 배합되어야 한다.

동서사택의 배합에서 벗어나게 되면 이것은 불배합이 된다. 남쪽 출입문에 북동쪽에 책상자리를 놓게 되면 외부에서 여자들의 등쌀에 견디지 못하게 되는 경우이다.

자금은 부족한데 너무 많은 사업을 벌이게 되므로 오래 지탱할 수가 없다.

2년 내로 재정이 바닥나게 되고 끝내는 속병으로 화병이 되어 건강을 잃게 된다.

남쪽 문에 동쪽 책상자리
재물이 불어나고 부부 금슬이 좋다

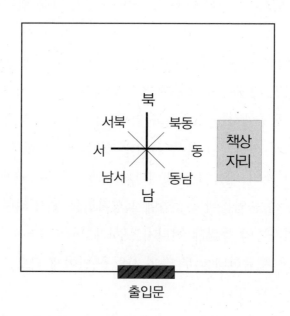

출입문이 午문이면 火국이다. 卯좌는 정동향의 木국이
다. 상생하는 관계로서 대길하고 귀격의 자리이다.

음양과 오행이 상생하는 자리이다. 사무실 내 여자 직원
의 현명한 판단으로 사업 운영에 크게 도움이 된다. 2년 내
지 3년 주기로 발복을 하고 대운으로는 20년 내지 30년을
그 자리에 앉아 있어도 발복이 되므로 매우 좋은 자리이다.

장기적으로 앉으면 크게 돈을 벌어들일 수 있으나 화재를 조심하고 水기를 보충해야 한다.

午문이면 정남쪽에 중녀화가 된다. 卯좌면 정동쪽에 장남목이다.

장남과 중녀가 만났으니 화기애애하여 회사가 번창하게 된다.

찾아오는 손님마다 이익이 되므로 회사는 나날이 발전하여 대기업으로 성장하게 된다.

남쪽 출입문에 동쪽에 책상을 놓게 되면 제조업을 하는 사업이라면 적당하다. 물건을 만들게 되면 돈벌이가 되고 결실이 있게 된다.

남쪽 출입문에 동쪽에 책상을 놓게 되면 사무실 내에 화재의 염려가 있다. 옛날부터 집에 화재가 일어나면 부자가 된다는 속담도 이러한 고서에서 나온 말이다.

남쪽 문에 동남쪽 책상자리
여자가 경영해 돈 모으는 자리다

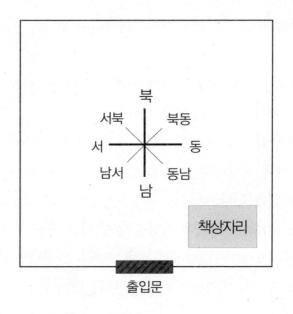

午문이면 남쪽에 火국이다. 巽좌는 동남향의 木국이다. 木과 火는 상생하여 좋으나 음양에서는 맞지가 않다.

午문에 巽좌에 앉으면 2년 내지 3년 주기로 발운이 오게 된다. 금시발복은 있으나 장기적이지 못하다. 5년이 지나면 옮기는 것이 좋다. 장기적으로 앉게 되면 화재의 우려가 있으므로 항상 불을 조심해야 한다.

사무실 내에서 음기가 왕성하므로 상대적으로 양이 약하여 남자들의 영업활동이 부진하다.

사업에 개성이 없게 되고 외길이니 발전을 기대 할 수 없게 된다.

양택의 삼요결에서는 배합으로 보고 있으나 영구적으로 앉을 자리는 되지 못한다.

午문이면 정남쪽에 중녀화가 된다. 그런데 巽좌면 동남쪽에 장녀목이다. 木과 火는 상생하여 좋으나 음양에서는 맞지 않으므로 2년 내지 3년까지는 발복이 오게 된다.

남쪽 출입문에 동남쪽에 책상을 놓게 되면 공직자는 2년 내로 진급하고 학생은 상급학교에 진학하게 되고 직장인은 승진을 하게 된다. 그러나 5년을 넘기지 말고 옮기는 것이 좋다.

남쪽 출입문에 동남쪽에 책상을 놓게 되면 장기적이면 신장이 약해지고 여자들의 활동이 왕성해지나 남자들이 활동을 지배할 수 없으므로 외교적으로 문제가 있는 자리 배치이다.

남서쪽 문에 남서쪽 책상자리
현상 유지하나 발전이 없다

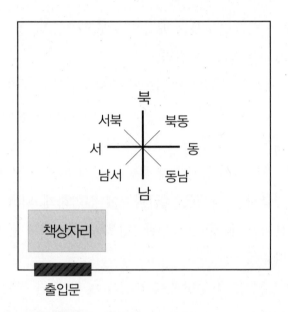

사무실에서 책상을 어떻게 놓고 앉느냐에 따라 사업의
성패가 달라진다.

坤문이라면 남서쪽을 말한다. 남서쪽은 부를 상징하는
자리이다. 그러나 坤문에 坤좌에 책상을 놓게 되면 土와
토가 겹치므로 유동성이 없다.

사무실의 공간은 사정방위와 사우방위의 사방과 팔방이

있는데 하필이면 출입문 쪽으로 앉을 이유가 없다. 자칫 출입문을 등지고 앉아 있으면 5년을 넘기지 못하고 사업에 실패하게 된다.

음이 왕성한 자리이므로 사무실 내부와 외부에서 여자들에게 시달리게 되고 사장이 사업에 뜻을 펴지 못하고 끝내는 사업이 기울게 된다.

坤문에 坤좌에 책상을 놓게 되면 이것은 오행이 맞지 않는다.

위장이 약해지고 신장이 허약해지므로 건강이 좋지 못하여 매사에 의욕을 잃게 된다. 5년 내로 옮기는 것이 좋다.

남서쪽의 출입문에서 남서쪽에 책상을 놓게 되면 재물이 있어도 활용하지 못하여 발전이 없다. 고리대금업이나 할까 기타 사업은 할 수가 없으니 크게 발전을 기대하지 못하게 된다.

남서쪽 문에 서쪽 책상자리
여자가 득세하는 자리다

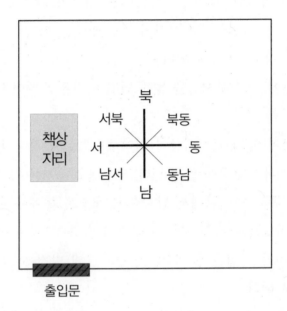

坤문이면 남서쪽의 土국이다. 酉좌는 金국이다. 土와 金은 토생금으로 생기가 있는 방향이라 하겠다.

동서사택의 음양에서는 배합으로 보게 된다. 그러나 이것은 차선책이지 최선책이 되지 못한다.

坤문에 酉좌에 책상을 놓고 앉으면 4년을 넘기지 말아야 한다. 사무실 내에서는 음기가 왕성하여 남자 직원은 영업이 부진하다.

공처가나 애처가의 명이므로 이것은 사무실 내에서도 예외는 아니다. 坤문은 음절로서 음이 강한 출입문이다. 출입문에서 들어오는 음기는 서쪽에 金을 도와서 사무실 내에서 음이 강해지게 되므로 여자가 득세하게 된다.

성격이 굽힐 줄 모르고 출입문에서 들어오는 土기는 책상자리의 金을 도와주게 되므로 사장은 권위와 명성을 좇고 하늘 높은 줄 모르는 격이니 크게 발전은 없다 하나 적자 나는 자리는 아니므로 현상 유지한다.

坤문이면 노모토가 된다. 酉좌는 소녀금이다. 소녀는 노모가 가져다주는 재물로 호의호식하게 되고 크게 발전이 없다.

남서쪽의 출입문에서 들어오는 土기는 계속 들어오게 되므로 책상자리의 金을 도와주게 되니 사장은 나태해지게 되어 크게 발전하지 못하고 현상유지에 급급하다.

남서쪽 문에 서북쪽 책상자리
재물과 명예가 찾아온다

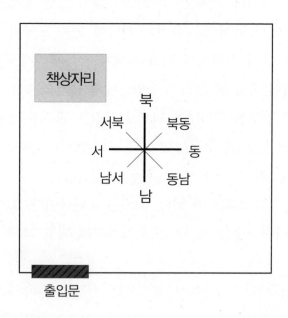

坤문에 乾좌에 책상을 놓게 되면 최상의 길격이다. 금전과 명성이 따르고 승승장구하는 책상자리이다.

책상자리와 출입문은 음양이고 주객의 관계이므로 사무실에 찾아오는 손님과 주인의 뜻이 일치하므로 회사에 이익을 가져다주게 된다.

坤문에 乾좌에 책상자리는 坤문은 노모토요, 乾좌는 노

부금으로 직원들은 승진을 하게 되며 사업장이 번성하는 자리이다.

남서쪽과 서북쪽은 4년 정도, 대운에서는 40년을 앉아 있어도 최고로 길한 자리가 된다.

음양의 이치가 맞으니 남녀가 화합하고 사무실에 들어오는 고객 중에서도 남자보다는 여자 고객이 큰 덕을 가져오게 된다.

坤문이면 남서쪽의 출입문에 해당한다. 출입문에서는 土기가 계속 들어오게 되는데 土는 돈과 재물을 뜻하며 부를 상징한다.

사업가라면 대기업가요, 공직자라면 고관급이 앉을 수 있다. 책상자리가 乾좌라면 서북쪽의 노부금으로서 土는 음을 생하게 되므로 土생金으로 음양과 오행이 잘 맞아서 매사가 순조롭다.

만약에 풋내기가 앉게 되면 간장이 나빠지게 된다. 모든 것은 분수에 알맞은 자리에 앉아야 한다.

남서쪽 문에 북쪽 책상자리
아들이 말썽부리고 건강 잃는다

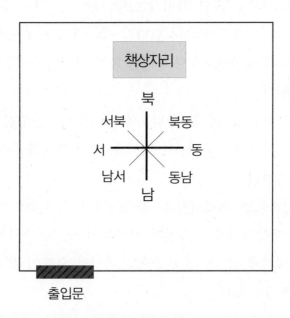

출입문이 坤문이면 남서쪽의 土국이다. 책상을 북쪽의 子좌에 놓고 앉게 되면 水국이다. 土극水로 좋지 못한 자리배치이다. 음토가 양水를 극하게 되므로 중남이 사하게 되는 자리로서 대단히 흉한 자리이다. 특히 외부에서 여자로 인해 피해를 입으며 재물이 줄어들고 망신살이 동반된다.

남서쪽의 생기는 양수의 水기를 극하므로 관재구설수가 따르고 재산이 줄어들게 되므로 초기에 파산하게 되는 자리이다.

남서쪽에서 들어오는 노모토 기운은 책상자리의 중남수를 극하게 되므로 사무실로 찾아오는 사람이 귀인이라 할지라도 해를 끼치게 되니 이것이 음양과 오행의 작용이다. 출입문에서 들어오는 기운은 고정되어 있으므로 책상자리를 잘 맞추어 놓아야 한다.

1년 내로 심장이 나빠지게 되고 관재구설수로 인하여 손해를 끼치게 되므로 하루속히 옮겨 앉아야 한다. 坤문이면 노모토로서 土기가 계속 들어오게 되는데 책상자리를 정북쪽의 子좌에 놓게 되면 중남수가 된다.

이것은 土극水가 되어 오행이 맞지 않는 자리배치가 된다.

신장기능이 약화되어 신장과 심장의 건강에 이상이 오게 되는 자리다. 처음부터 이러한 자리는 앉지 않는 것이 좋다.

남서쪽 문에 북동쪽 책상자리
푼돈이 들어와서 돈이 모인다

출입문이 坤문이면 남서쪽의 土국이다. 艮좌는 북동쪽의 土국이다. 土土가 이합하므로 길격의 자리이다. 남서와 북동은 사우방위로서 음절에 해당한다.

坤문에 艮좌에 책상자리는 큰돈을 벌어들이지 못해도 최소한의 지출을 줄이게 되므로 회사에 흑자를 가져오게 되는 자리이다.

노모토 자리가 귀한 늦둥이를 얻어서 사업장을 내어주는 격이므로 사무실 내에서 웃음꽃이 피어나는 가상이다.

남서쪽의 출입문에 북동쪽에 책상을 놓게 되면 큰 기업을 이룰 수는 없으므로 커다란 투기는 금물이다. 적은 돈으로 알뜰하게 저축하는 것이 가장 알맞다.

土는 재산을 뜻하므로 작은 토에다 큰 토를 보태주게 되니 재산이 불어나게 된다. 음양이 잘 맞으나 오행이 상생하지 못하여 아쉽다.

5년 주기로 발복이 따르게 된다. 그러나 영구적이지는 못하다. 5년이 넘으면 옮기는 것이 좋다. 건강은 신장이 약해진다.

남서쪽의 출입문에서는 북동쪽에 책상을 놓게 되면 남서와 북동이 사우방위로서 음절에 해당하므로 음양이 잘 맞다. 다만 오행이 상생하지 못하여 아쉽다.

남서쪽 문에 동쪽 책상자리
사기나 도둑을 맞는 자리다

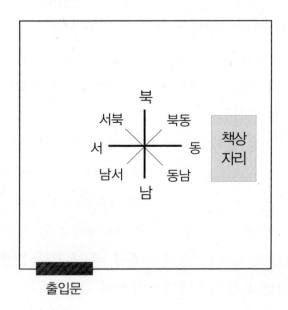

坤문은 土기가 왕성한데 卯좌에 책상을 놓고 앉게 되면
木극土로서 상극이다. 그래서 이 자리에 앉게 되면 초기부
터 모든 일이 뜻대로 풀리지 않는다.

坤문에 卯좌는 역학에서 칠충에 비유될 만큼 매우 좋지
않은 자리이다.

土는 재물을 뜻한다. 재물을 키워서 확대시키지는 못할

지언정 한눈을 팔게 되니 사업은 뒷전이다.

3개월 내지 3년 내로 사업장이 파산한다. 여자문제로 손해를 보거나 사기를 당하거나 도둑을 맞는 등 관재구설수가 따른다.

坤문에 卯좌에 책상자리는 공직자는 파직이요, 사업자는 부도가 나게 되고 직장인은 쫓겨나게 된다.

남서쪽의 출입문에 동쪽에는 책상을 놓지 말고 만약에 놓더라도 3년을 넘기지 말아야 한다.

坤문이면 남서쪽의 노모토가 된다. 동쪽은 장남목이다. 木극土로서 극이 되어 관재구설수가 따른다.

남서쪽의 출입문에 동쪽에 앉게 되면 3년 내로 위장병이 생기게 되니 혈병이 따르게 되어 건강이 극도로 악화되므로 끝내는 처를 극하게 되니 홀아비가 된다.

남서쪽 문에 동남쪽 책상자리
돈이 탕진되고 과부 된다

출입문이 坤문이다. 곤문은 남서쪽의 土국이다. 巽좌는 木국이다. 이것은 木극土가 되는 가장 흉한 자리이다.

출입문에서는 土의 기운이 들어오게 되는데 책상을 木국에 놓게 되면 木극土로 상극이 되므로 사업으로 벌어들이는 수입보다 경비의 지출이 더욱 심해지게 되는 자리이다.

사무실 안에는 음이 왕성해지고 양이 쇠하므로 남자 직원이 물러나게 되니 사업이 일어날 수 없어서 파산한다.

여자 직원끼리 다투게 되며 사무실이 편할 날이 없고 영업에 지장을 받게 된다.

남서쪽의 출입문에 동남쪽에 책상을 놓게 되면 출입문에서 들어오는 土기는 木에 의해서 극을 받게 되니 주인과 손님은 뜻이 맞지 않아서 상거래가 원활하지 못하여 회사의 발전이 없다.

관재구설수가 따르게 되고 사업이 부진하게 되며 3년 내로 재정이 바닥나게 된다.

坤좌의 출입문이면 남서쪽의 노모토가 된다. 그런데 책상을 巽좌에 놓게 되면 동남쪽의 장녀목이다. 土와 木은 음양과 오행이 어긋나게 되므로 상극이 된다.

3년 내로 위장병과 혈병으로 건강을 잃게 되어 재산도 잃고 건강도 잃게 된다.

남서쪽 문에 남쪽 책상자리
돈 잃고 망신살이 따른다

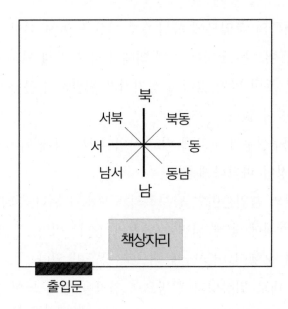

출입문

출입문이 坤문이면 남서쪽의 土국이다. 午좌는 남쪽의
火국이다. 가장 흉한 자리배치에 해당한다. 출입문이 서사
택에 해당하며 음절에 해당한다. 그러나 책상자리는 양절
에 동사택에 속하므로 이것은 음양의 배합이 맞지 않는 자
리이다. 2년 내로 여직원으로 인하여 손해를 입게 되고 노
모가 천방지축이 되어 바람 잘 날이 없다.

실내에 음이 왕성해지고 양의 기운이 쇠퇴하므로 음양의 균형이 맞지 않는다.

남자 직원이 기를 펴지 못하니 영업이 잘 되지 않는다.

첫째는 음양이 맞지 않게 되므로 매사가 풀리지 않게 된다.

남서쪽의 출입문에 남쪽에 책상을 놓게 되면 여자로 인해 손해를 입게 되며 망신살이 끊이지 않고 금전운이 따르지 않는다. 사장의 권위 또한 실추된다.

坤문에 午좌에 책상자리에 앉게 되면 당뇨병이 오게 된다. 시기는 2년 내로 건강이 악화되어 사업에도 진전이 없다.

서쪽 문에 서쪽 책상자리
앞만 보고 발전은 없다

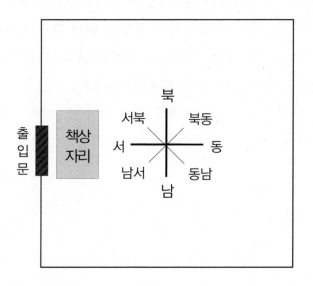

출입문이 酉좌라면 서쪽의 金국이다. 그런데 책상을 酉좌에 앉게 되면 일시적으로 발복이 오지만 오래가지는 못한다. 출입문을 등지고 앉는 경우에는 대단히 위험하다. 출입문을 등지고 앉게 되면 외부에서 충돌이나 교통사고를 조심해야 한다.

소녀금 자리로서 이것은 쌍금이 되므로 오행이 맞지 않는다. 모든 사업을 직원에게 떠맡겨 두고 사장은 외부활동을 하게 된다.

출입문에서 들어오는 생기는 金의 속성인데 그 자리에 오래도록 앉아 있으면 사무실 내 여직원이 천방지축이 되어 무분별해지게 되므로 오래가면 더욱 불길하다.

4년을 넘기지 못하고 주인이 명예욕과 권위주의에 빠지게 되니 사업에는 관심이 없다.

酉문이면 서쪽의 소녀금이다. 그런데 책상을 酉좌에 놓고 앉게 되면 어린 소녀들이 모여서 사업을 하기에는 소견이 짧다. 일시적으로 수확이 있을지 몰라도 오래가지 못한다.

4년이 가까워지게 되면 위장병으로 고생을 하게 된다. 오래가면 재산을 잃고 건강마저 잃게 되니 조심하는 것이 좋다.

그러나 주택 삼요결에서는 크게 흉한 자리로는 보지 않으나 앞으로 크게 발전이 없다는 말이니 자리를 음양을 맞추어 앉는 것이 좋다.

서쪽 문에 서북쪽 책상자리
사장이 외고집으로 회사를 운영한다

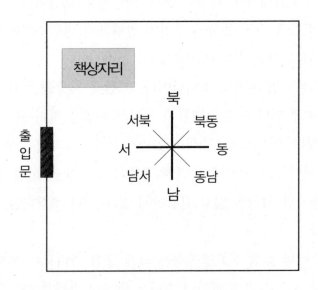

출입문이 酉문이면 서쪽에 金국인데 乾좌라면 서북쪽을 말함이니 서북향도 金국이다. 음양의 배합에서는 잘 맞으나 장기적이기보다는 일시적인 발복이 있다. 金국이 쌍금이 되어 사장의 명예욕이 대단해지고 고집이 세어 아랫사람들의 말을 듣지 않게 된다. 명예와 권위를 앞세우므로 적게 벌어서 크게 써야 하니 사업에 발전이 없다.

음양에서는 맞으나 오행이 맞지 않으므로 크게 결실이

없다. 여직원이 시달리고 사무실의 분위기가 차갑고 오래 가게 되면 끝내는 파산하게 된다.

酉문은 소녀금이다. 乾좌는 노부금이다. 작은 金과 큰 金이 합치게 되어 쌍금이 되므로 사장이 외고집으로 회사를 끌고 나가게 된다.

酉문에 乾좌에 앉게 되면 4년까지는 발복이 있게 되나 오행의 상생이 없으니 크게 발전이 없다.

사무실에 火기가 없고 나이가 적은 여직원의 주장으로 회사를 이끌고 나가게 되며 직원은 줄어들게 된다.

공직자는 진급이 어렵고 직장인은 승진이 어렵다. 4년을 넘기게 되면 폐, 기관지병과 위장병으로 고생을 하게 된다.

이 자리 역시 흉격으로는 보지 않는다. 크게 발전은 없고 현상유지는 가능하다. 그러나 무엇이든 현상유지만 가지고는 만족할 수가 없다.

서쪽 문에 북쪽 책상자리
1년 내로 자금이 바닥난다

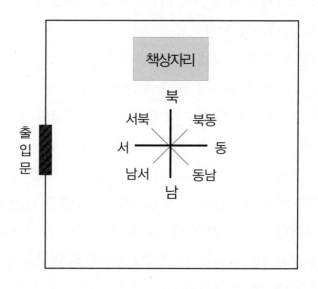

서쪽에 출입문이 있는데 북쪽에 책상자리를 놓게 되면 金생水하여 오행으로 생해 주니 좋지 않느냐고 할지 모른다. 그러나 근본적으로 양택에서 東西의 음양이 맞지 않아 불배합이 되는 것이다.

酉문에 子좌에 앉게 되면 酉문이면 金국인데 출입문에서 들어오는 金의 기운을 子좌에 앉아서 흡수하는 현상이다.

작은 金기를 큰물이 흡수하게 되면 金은 물에 잠기게 되는 현상이다.

酉문이면 서쪽의 소녀금이다. 책상을 북쪽에 놓게 되면 중남수 자리이다. 출입문에서 들어오는 金의 기운은 사업장에 도움이 되지 못하고 무형지물이다.

서쪽의 출입문에 북쪽에 책상을 놓게 되면 1년 내로 자금이 바닥나게 되고 오래가면 여직원과의 스캔들로 망신까지 당하게 된다. 수입은 적은데 직원이 많아서 쓸 곳도 많은 자리이다.

1년을 넘기게 되면 도둑이 들고 수입에 비해서 지출이 많게 된다. 계획 없이 투자하게 되므로 부도가 나게 된다.

공직자라면 파면되고, 직장인은 해직당하고, 자영업자라면 사기당하거나 파산하게 된다.

1년 내로 폐, 기관지병과 신경쇠약으로 시달리게 되고 재산과 건강을 함께 잃게 된다. 사업에 성공하려면 무엇보다도 책상자리를 잘 놓고 앉는 것이 중요하다.

서쪽 문에 북동쪽 책상자리
꿈이 많고 희망적인 자리다

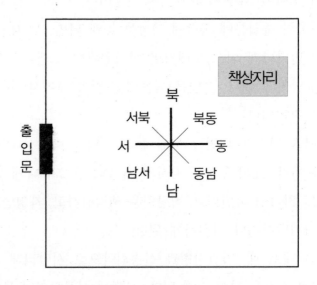

출입문이 서쪽에 酉문이면 金국이다. 책상을 놓고 앉는 자리가 艮좌라면 북동쪽에 土국이다. 土와 金은 상생하므로 가장 길한 자리이다.

酉문에 艮좌의 책상자리는 酉문이면 金국이다. 적은 자본으로 개업하여 장래가 보장되는 희망적인 자리이다.

출입문에서 들어오는 생기는 음의 기운이므로 필시 여직원이 총명하여 회사에 발전이 있게 된다.

매사에 발전이 따르고 직원들이 화합하고 기쁜 일이 생기게 되니 사업은 나날이 번창하게 된다.

酉문에 艮좌의 책상자리는 한 가지 주의해야 할 점이 있다. 분수에 맞지 않은 너무 큰 투기는 금물이다. 실속 있는 알맞은 투자와 아이디어로 승부를 거는 것이 좋다.

酉문이면 서쪽의 소녀금이다. 그런데 艮좌에 책상을 놓게 되면 소남토가 된다. 土와 金은 상생하는 관계요, 소녀와 소남은 마음이 잘 맞고 하는 일마다 기쁜 일이 생기게 되므로 사업은 나날이 번창하게 된다.

4년 내지 5년 주기로 발복이 따르게 되므로 나날이 발전하여 중소기업으로 발전하게 된다.

공직자는 승진을 하게 되고 직장인도 보직을 얻게 되므로 최상의 길격이다.

서쪽 문에 동쪽 책상자리
교통사고 잦은 자리다

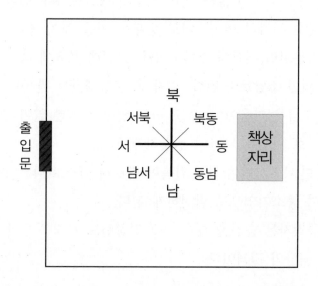

酉문에서 들어오는 기운은 金의 기운이다. 책상을 卯좌에 놓게 되면 좋지 않은데 정동쪽으로서 木국이 된다. 출입문과는 마주 보고 앉으니 金극木하는 자리이다. 酉문에 卯좌의 책상자리는 마주 보고 앉게 되는 자리이니 매사가 부딪치고 시끄러운 일이 그치지 않는다. 특히 사무실 내에서도 직원들 간에 다툼이 잦게 되어 회사는 발전이 없다.

외부에서 들어오는 손님과 주인의 마찰이 심하고 여직

원이 말썽을 피우며 관재구설수가 끊이지 않게 된다. 교통사고 등 쇠붙이나 외부에서 마찰로 인하여 인명피해가 오게 된다.

사업이 부진한 것은 둘째 치고 자칫하면 목숨까지 위태로운 자리이다. 3년 내에 불미스러운 일이 발생한다.

酉문이면 정서쪽에 소녀금이다. 그런데 책상을 동쪽에 놓게 되면 장남목이다. 출입문에서는 金의 기운이 계속 들어오게 되는데 책상을 놓고 앉은 자리는 반대가 되는 木국이므로 이것은 상극이 되는 자리배치이다.

서쪽에 출입문이 있는데 동쪽에 책상을 놓게 되면 출입문과는 마주 보고 앉게 된다. 주인이 출입문에서 들어오는 손님과 정면으로 마주 보게 되어 좋지가 않다. 3년을 넘기지 못하고 대부분 1년 반 정도에 불미스러운 일이 생기게 된다. 특히 간장이 나빠지게 된다.

서쪽 문에 동남쪽 책상자리
재물과 인명을 잃게 되는 흉한 자리다

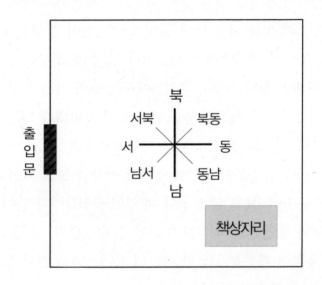

酉문은 서쪽에 金국이다. 책상을 동남쪽 巽좌에 놓게 되면 동남향이다. 동남은 木국이므로 金과 木이 부딪치는 자리로서 대단히 흉한 자리이다.

酉문에 巽좌는 출입문에서 들어오는 金기로 앉은 책상자리와는 한 치의 양보가 없다. 회사는 매일 시끄러운 일이 끊이지 않고 관재구설수와 시비나 소송, 재판에 휘말리게 된다.

여직원들의 시기와 미움으로 다투게 되므로 사업에 지장을 초래한다. 사무실 내 음기가 왕성하고 양기가 쇠하여 활기가 없고 3년 내로 파산하게 된다.

酉문이면 서쪽의 출입문으로서 소녀금이 된다. 동남쪽은 장녀목 자리이다. 이것은 음양과 오행 모두가 맞지 않으니 가장 흉한 자리가 된다.

사무실에 찾아오는 손님은 매일 시빗거리를 가지고 오게 되니 바람 잘 날이 없다.

서쪽의 출입문에 동남쪽에 책상자리는 장녀가 상하게 되고 홀아비가 되는 자리가 된다.

서쪽의 출입문에 동남쪽에 책상자리는 사무실 내에서는 도둑을 맞게 되고 가정이 우환으로 파산하게 된다.

3년 내로 간장이 나빠지게 되어 건강을 잃게 된다. 재산과 인명을 모두 잃게 되므로 가장 흉한 자리가 된다.

서쪽 문에 남쪽 책상자리
2년 내로 파산한다

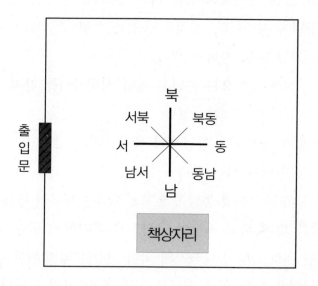

酉문은 정서쪽에 金국이다. 책상을 午좌에 앉게 되면 정 남향의 火국이다. 火는 金을 극하여 녹이게 되니 불배합이 다. 책상을 놓는 자리는 정배합에서 벗어나게 되면 불상사 가 끊이질 않게 된다.

외부에서 오는 손님을 제대로 대접하지 못하게 되므로 영업이 잘 될 리가 없다. 적은 돈을 가진 사람이 들어오는 것을 탐탁지 않게 생각하니 큰 재물 또한 들어올 수 없다.

사무실 내에서 여자끼리 싸우게 되니 음이 왕성하고 양이 쇠하게 되고 남자 직원은 영업에 실적이 없다.

양택의 3대 요소 중에서 문, 주, 조가 맞아야 하는 것인데 우선 출입문과 책상자리가 근본적으로 맞지 않는다.

2년 내로 사업체는 파산하므로 자리를 빨리 옮기는 것이 제일 좋다. 특히 여자로 인하여 손해를 보게 된다. 사업장에는 여직원과 남자 직원이 반반씩 있는 것이 음양의 조화가 잘 맞게 된다.

酉문이면 정서쪽에 소녀금이다. 책상을 午좌에 놓게 되면 정남쪽에 중녀화가 된다. 화극금으로 상극이 되는 이치가 된다. 공직자는 파면이요, 직장인은 파직이요, 자영업자는 파산한다. 2년 내로 사업이 기울고 폐, 기관지가 나빠지게 되므로 재물과 명예와 건강을 모두 잃게 되니 매우 흉한 자리이다.

서쪽 문에 남서쪽 책상자리
딸이 관직에 합격한다

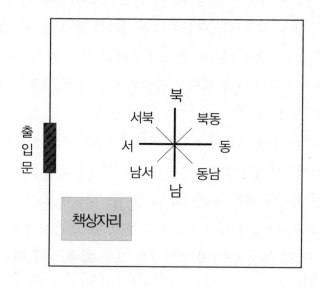

酉문은 서쪽의 金국이다. 책상을 坤좌에 놓고 앉는다면 土국이므로 동서사택의 음양원리에서는 배합이 잘 맞는다. 『주역』의 8괘에서는 음양의 이치를 논하게 되니 배합에서는 문제가 없다.

酉문에 坤좌에 앉게 되면 일시적으로 초기에는 발복이 된다. 그러나 오래가지는 못한다. 경리가 재무관리를 맡게 되어 말썽을 부리게 되니 재산상의 손해를 입히게 된다.

사무실 내에서는 음기가 왕성하게 되니 상대적으로 양의 기운이 쇠퇴하는 현상이다. 남자 직원이 줄어들고 영업활동이 부진해진다.

여직원이 득세하고 남자 직원들은 기를 펴지 못하게 된다. 酉문이면 정서쪽에 소녀금이다. 책상을 坤좌에 놓게 되면 남서쪽의 노모토가 된다. 소녀는 노모가 도와주므로 걱정이 있을 리 없다.

그러나 모든 것은 지나치면 좋지 않다. 坤좌란 사장의 책상자리를 두고 하는 말이다.

기타 간부나 사원에게는 관계가 없다. 그러나 사원이나 간부들도 그 나름대로 최상의 자리가 필요하다. 4년까지는 발복이 있게 되므로 4년 내지 5년이 지나면 책상을 옮겨 앉는 것이 좋다.

서북쪽 문에 서북쪽 책상자리
명예를 좇다가 사업이 기운다

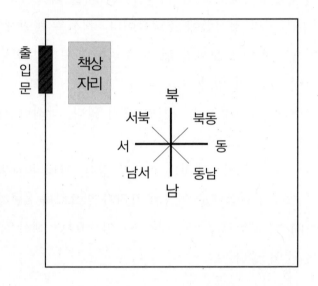

乾坐면 서북쪽의 출입문으로서 金국이다. 건좌에 책상
자리도 金국으로서 쌍금이 된다. 『주역』 8괘에서는 음양
의 배합이 맞으나 오행에서 상생되지 못하는 것이 아쉽다.

乾문에 乾좌의 책상자리는 출입문에서 들어오는 생기로
金에 기가 들어오게 되어 일시적으로 발복은 가능하다. 그
러나 이것은 음양의 조화가 맞지 않으니 차선책이다.

오래도록 앉아 있게 되면 사장이 권위적이고 명성과 허

세를 좋아하게 되며 인색하고 오래가면 독불장군이 되어 홀로 남게 된다.

乾문이면 서북쪽에 노부금이다. 노부금이란 권위적이고 권력, 명성의 자리가 된다. 그러나 명예만 좇다가 사업이 기울고 만다. 사업이란 오히려 애교와 서비스 정신이 필요한 것이다.

서북쪽 출입문에 서북쪽에 책상을 놓고 앉게 되면 자칫 잘못하면 출입문을 등지고 앉게 되는 경우가 많다.

그렇게 되면 출입문에서 들어오는 기운은 金의 기운이므로 인체에 해가 될 수 있다.

4년까지는 그런대로 발복이 따르게 된다. 그러나 4년을 넘기게 되면 적자로 돌아서게 되므로 오래 있으면 불리하다.

4년을 지나게 되면 폐, 기관지가 약해지게 되며 위장과 소화기 계통에 병이 오게 된다.

서북쪽 문에 북쪽 책상자리
초기부터 자금난에 시달린다

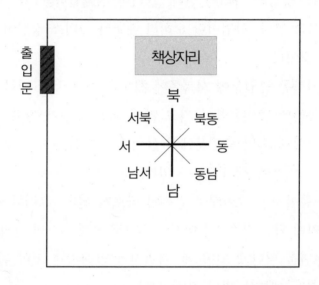

출입문이 乾문인데 子좌에 앉게 되면 건문은 金기고 子좌는 水기니 이것은 金이 양水를 만나서 더욱 기운이 빠지게 되어 명예가 실추된다. 사업에 실속이 없이 바쁘기만 하다. 초기부터 회사가 흔들리게 되니 명예가 실추되고 오래가지 못하여 곧 파산하게 된다.

양택의 가상론에서 乾문에 子좌를 대단히 꺼린다. 금풍이 출입하게 되어 양水를 키우게 되므로 벌어두었던 재물은 하루아침에 사라지게 되니 허망하다.

회사 내에서는 여직원이 없게 된다. 양水가 왕성하므로 음이 쇠퇴하게 된다.

乾문이면 서북쪽의 노부금이다. 그런데 子좌에 책상을 놓게 되면 정북쪽에 중남수가 된다.

『주역』8괘에서는 음양의 이치에서 불배합이 된다. 서북쪽 출입문에 북쪽에 책상을 놓고 앉게 되면 오래도록 노력하여 벌어두었던 재산이 나가게 되며 명예 또한 실추된다.

1년 내로 적자가 시작되어 오래 버티지 못하고 파산하게 된다.

乾문에 子좌의 책상자리는 공직자는 파면하고, 직장인은 파직이요, 사업자는 파산하게 된다.

1년을 지나면 폐, 기관지가 악화되고 끝내는 재물과 명예, 인명까지도 잃게 되는 매우 흉한 자리이다.

서북쪽 문에 북동쪽 책상자리
장기적인 발복은 어렵다

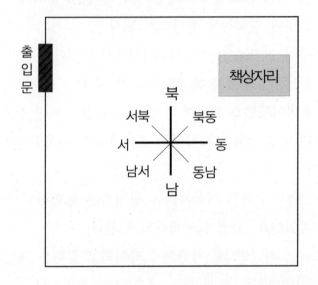

乾문은 서북쪽에 金국이다. 艮좌에 앉게 되면 북동쪽의 土국이다. 土와 金은 상생되어 배합이 맞으나 이것은 일시적일 뿐이다.

乾문에 艮좌에 책상자리는 건은 양金인데 艮은 음土이므로 오행의 균형이 맞지 않다. 동사택, 서사택의 배합에서도 차선책이지 가장 좋은 자리로는 보지 않는다.

자금이 부족한데 너무 많은 일거리를 직원들에게 맡기

므로 직원들이 시달린다. 사장이 권위적이고 고집이 세서 사무실 내에서 화합이 불가능하고 여직원의 수는 나날이 줄어든다.

『주역』의 8괘에서 음양에서 동서사택의 배합에서는 맞으나 오행에서 맞지 않아서 장기적인 발복이 어렵다.

서북쪽 출입문에 북동쪽에 책상을 놓고 앉게 되면 자금이 부족한데 많은 명예와 부를 누리려고 하는 경향이 있다.

그러다 보면 타인에게 사기를 당하거나 부도를 맞게 된다. 서북쪽 출입문에 북동쪽에 책상을 놓게 되면 4년까지 발운이 따르게 되나 4년이 지나면 다른 방향으로 자리를 옮겨 앉는 것이 좋다.

도둑이 사무실에 침입하고 자금이 모이면 잃어버리기 쉽다. 4년이 지나면 위장병이 생기게 되므로 옮기는 게 상책이다.

서북쪽 문에 동쪽 책상자리
관재구설수가 생긴다

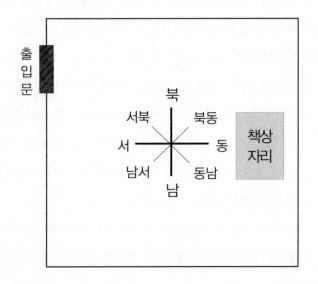

乾문은 서북쪽에 金국이다. 책상자리가 卯좌라면 동쪽에 木국이다. 외부에서 金기가 침범하여 내부의 木을 치게 되어 관재구설수가 끊이지 않는다.

乾문에 卯좌의 책상자리에 앉게 되면 사업은 뒷전이고 직원들의 다툼이 잦다. 3년 내로 회사는 급격히 기울게 된다.

양택의 가상학에서는 乾문에 卯좌에 앉는 것을 매우 꺼린다.

건문이면 서북쪽에 노부금이다. 卯坐의 책상에 앉게 되면 동쪽에 장남목이다. 음양과 오행은 상생하면서 조화가 맞아야 하는데 이 자리는 배열이 잘못되어서 3년을 넘기지 못하고 파산하게 된다.

가정집이라면 장남이 극을 당하게 되는 가상이다. 특히 이러한 가상을 두고 과부가 되는 가상이라 한다.

서북쪽 출입문에 동쪽에 책상을 놓고 앉아 있게 되면 교통사고를 조심해야 한다. 金과 木이 부딪치게 되니 마찰이 심하게 일어난다. 특히 관재구설수가 따르게 된다.

간장이 나빠지게 된다. 건강이 악화되면 돈과 명예는 아무런 소용이 없게 된다.

화복론에서는 3년이라 하지만 대부분은 2년 내로 이러한 흉한 기운이 나타나게 된다.

가상이 맞지 않은 자리는 사업을 현상유지를 한다 해도 건강에 이상이 생기게 되어서 좋지 못하다.

서북쪽 문에 동남쪽 책상자리
3년 내로 회사가 파산한다

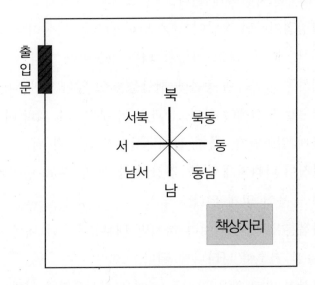

출입문이 서북쪽에 乾좌면 金국이다. 巽좌는 동남쪽에
木국이다. 금극목하여 부딪치게 되어서 매사가 시끄럽다.
출입문과 책상자리가 불배합이다.

乾문에 巽좌의 책상자리는 동사택과 서사택에서도 배합
이 맞지 않는다. 사무실 내 여직원이 사표를 내거나 물러
나게 되는 자리이다.

乾문에는 金기가 계속 들어오고 사장의 책상자리와는

반대가 되므로 외부에서 찾아오는 손님은 시빗거리만 가지고 찾아오게 되고 회사에 손해만 끼치게 된다.

시비와 마찰로 인하여 법적으로 문제될 소지가 많으므로 사업을 할 때 미리 살피는 것이 좋다. 乾문이면 서북쪽에 노부금이다. 그런데 책상자리를 巽좌에 놓게 되면 동남쪽에 장녀목이다.

서북쪽과 동남쪽은 마주 보는 자리로 극이 되므로 맞지가 않는 자리이다. 여자로 인하여 손해를 입게 되고 3년 내로 회사는 파산하게 된다.

가상으로 말하자면 홀아비가 되는 가상이다. 책상자리도 마찬가지이다. 3년 내로 간장이 나빠지고 재물이 달아나게 된다.

서북쪽 문에 남쪽 책상자리
재물과 명예가 떨어진다

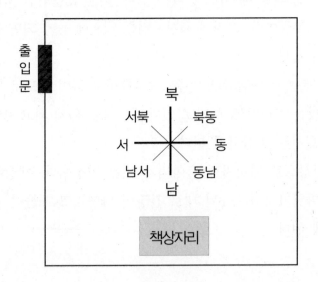

출입문이 乾문이라면 서북쪽에 金국이다. 그런데 책상을 午坐에 놓고 앉게 되면 남쪽에 火국이다. 이것은 외부에서 들어오는 金의 기운을 火가 극하게 되는 자리로서 좋지가 않다.

출입문에서 들어오는 기운과 책상자리와는 정반대되는 세력으로서 스스로 배척하는 형상으로 회사에서 들어오는 좋은 기운을 밀어내게 되는 것이다. 결국 출입문과 책상자리가 불배합이 된다. 벌어 놓은 재물과 명예를 잃게 된다.

특히 사무실 내에서는 음이 강하여 여직원이 득세하여 회사를 이끌어가게 되고 양이 쇠퇴하여 남자 직원들은 영업이 부진하다. 회사의 외교에 문제가 발생한다. 외부의 활동이 부진하므로 사업이 번창할 리 없다.

乾문이면 서북쪽에 노부금이다. 그런데 책상을 午좌에 앉게 되면 남쪽에 중녀화 자리가 된다.

출입문에서 들어오는 재물운을 火가 녹이는 격이니 매사가 순조롭게 풀리지 못하게 된다.

2년 내로 재물을 탕진하게 된다. 관재구설수와 각종 시비로 인하여 부도가 나거나 파산하게 된다.

폐, 기관지가 악화되므로 건강마저 잃게 되는 경우이다. 무심코 책상을 놓게 되면 이토록 엄청난 재난이 따르게 된다.

서북쪽 문에 남서쪽 책상자리
재물과 명예가 따른다

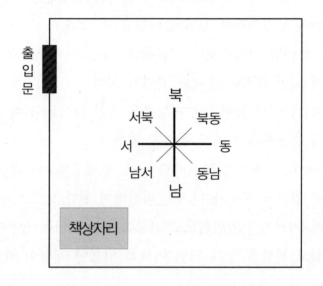

乾문은 서북쪽에 金국이다. 坤좌에 앉으면 남서쪽의 土국이다. 土와 金이 만났으니 土생金으로 음양의 조화가 잘 맞다. 서북 방향과 남서 방향은 가장 길한 책상자리로 크게 발전을 가져온다.

재물과 명예가 따른다. 乾은 명예와 권위의 상징이다. 사무실 내 여직원들의 도움이 크다. 그러나 9년 내지 10년을 지나게 되면 자리를 옮기는 것이 좋다.

10여 년간 회사는 꾸준히 발전하지만 더 이상은 발복이 없게 된다. 아무리 좋은 자리라도 일정하게 발복을 하면 더 이상은 발복이 오지 않게 된다.

乾坐의 출입문이면 서북쪽에 노부금이다. 그런데 책상 자리를 坤坐에 놓게 되면 남서쪽에 노모토가 된다. 노부와 노모가 만났으니 마음이 잘 맞고 뜻이 다를 리가 없다.

서북쪽 출입문에 남서쪽에 책상을 놓게 되면 명예와 부가 따르지만 회사가 크게 발복을 하지 못하고 머물게 되어 아쉬운 일이다.

그러나 일정한 수입은 유지할 수 있다. 4년 내지 5년 주기로 발복을 하게 되나 주변을 잘 살피지 못하고 권위적이고 고정관념으로 치우치는 일이 많게 된다.

서북쪽 문에 서쪽 책상자리
폐, 기관지가 약해진다

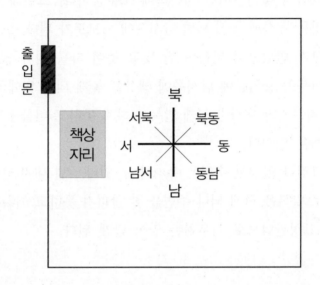

乾문은 서북쪽의 金국이다. 책상을 서쪽 酉좌에 놓고 앉게 되면 金국이다. 큰 金과 작은 金이 합치니 쌍금의 자리가 된다. 음양의 이치는 맞으나 오행이 맞지 않다.

乾문에 酉좌의 책상자리에 앉게 되면 4년까지는 다소 발복이 있으나 오래가지는 못한다. 4년이 지나게 되면 옮기는 것이 가장 좋다. 오래도록 앉아 있게 되면 재물이 줄어들게 된다.

사무실 내에서는 유동성이 없게 되므로 발전이 더디고 출입문에서 들어오는 기운과 책상을 놓은 자리가 오행으로 맞지 않게 된다.

사무실 내 金기가 왕성하므로 여직원이 득세하고 상대적으로 木기가 부족하게 되어 남자 직원들이 오래 견디지 못한다.

乾문이면 서북쪽에 노부금이다. 酉좌는 서쪽에 소녀금이다. 소녀와 노부는 같은 金이기는 하지만 오행에서 순행되지 못한다.

사장의 마음이 점차적으로 강직해지고 베푸는 것이 없으므로 사람이 따르지 않게 된다.

서북쪽 출입문에 서쪽에 책상을 놓게 되면 4년을 지나면 폐, 기관지가 약해지고 회사는 적자로 돌아서게 된다. 4년을 넘기지 말고 옮기는 것이 좋다.

늦둥이 귀한 아들 얻는다

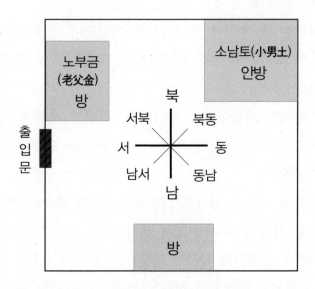

　서쪽의 金국이 출입문으로 서북쪽에 노부금의 방이 빈 약하다.

　북동쪽의 소남토는 알맹이가 크므로 재산은 모이고 아들이 귀하다가 늦둥이를 두어 웃음꽃이 피는 가상이다.

　이러한 가상은 가장이 정력이 부족하여 늦게까지 아들을 얻지 못하다가 늦게 귀한 아들을 얻어서 웃음꽃이 피는 가상이다. 재물도 솔솔 모이는 가상이다. 그러나 많은 돈을 한꺼번에 벌어들이는 가상은 아니다.

소녀금 출입문에 북동쪽 소남토의 방이 집의 주이다. 소년 소녀가 큰 사업을 할 수 없어서 어디까지나 용돈을 저축해서 많이 벌어들이지는 못하고 푼돈을 저축하면서 세월이 가면 재물이 솔솔 모이게 되는 가상이다.

출입문이 노부금이라면 큰 명예와 큰돈이 들어오는데 이를 감당하는 내조자가 없다는 것이다. 한마디로 말해서 수입에 비해서 창고가 적다는 뜻이다. 그러나 가상자체에는 좋은 가상은 못되고 그렇다고 흉한 가상은 못된다.

장녀 출세하고 돈을 모은다

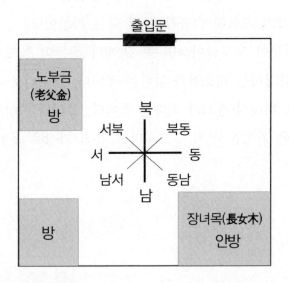

이 집은 출입문이 북쪽에 중남수로서 水국이다. 집의 주는 동남쪽에 안방자리로 장녀목(長女木)이다. 출입문과 주가 배합이 잘 맞는 집이다. 이러한 집에서는 가족에게 모두 좋고 특히 장녀가 출세하는 가상이다. 동서사택에서는 잘 맞는 집은 아니다.

과부가 되는 집이다

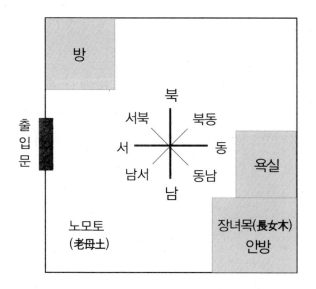

출입문이 서쪽의 소녀금이고 집의 주가 동남쪽의 장녀목이다. 그러나 노모토자리 남서쪽이 비어 있다. 어머니 자리가 비어 있으니 안방주인이 잘 될 리가 없다.

그러나 동남쪽인 장녀목이 왕성하여 딸이 살림을 사는 가상이다.

이 집의 잘못된 구조는 동쪽에 욕실이 겹쳐진 것이다. 이렇게 되면 장남이 무분별한 생활을 하게 된다.

주택의 3대 요소에서 출입문과 집의 주가 잘 맞아야 한다. 이것은 음양의 관계이다.

집의 주가 되는 곳은 주로 안방이 있는 곳으로 이곳이 가장 넓고 가장 힘이 있어서 기두 자리가 된다.

특별한 경우에는 안방이 있는 곳이 기두가 되지 않은 곳에 있다. 이것은 집안에서 패철로 계산을 해 봐야 한다. 그리고 어떤 가상이건 간에 출입문과 집의 주가 맞지 않는 집은 불배합으로 밖에 볼 수가 없다. 불배합에서는 발복이 없다. 오직 흉한 일만 있을 뿐이다.

과부가 되는 집이다

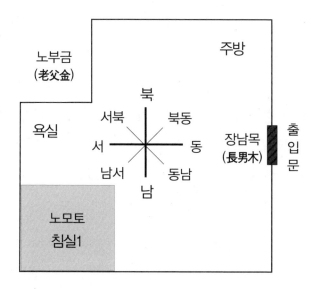

이 아파트는 출입문이 동쪽의 木국에 있다. 집의 주인 남서쪽 노모토의 침실1과 출입문이 음양의 배합이 맞지 않는다.

그리고 노부금의 서북방향이 비어 있으므로 이러한 집에서 오래 살면 과부가 된다. 설령 과부가 되지 않는다 해도 주인이 없는 것이나 마찬가지의 가상이다.

집의 기두는 남서쪽에 침실1이 있는 곳인데 노부금의 자리는 훼손된 형태이다.

가상이란 우선 가지런하고 반듯해야 하고 모서리가 없는 것이 좋다.

이러한 가상은 흉한 가상으로 취급받게 된다. 가상이 흉하면 가정에서 매사에 잘 되는 일이 없고 집안이 잘 풀리지 않게 된다.

아들이 마음을 잘 잡지 못하고 밖으로 나돌게 되어 집안에 재산이 줄어들고 가족들은 위장병으로 시달리게 된다.

집의 가상은 출입문과 주가 똑바르지 않으면 이것은 불배합이다. 불배합에서는 좋은 발복이 있을 수가 없다.

장남이 가출한다

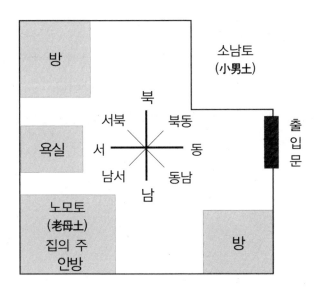

이 아파트는 출입문이 동쪽의 木국인데 집은 노모토 쪽으로 기운이 쏠리고 있다. 그리고 북동쪽이 비어 있기 때문에 흉가이다. 장남이 집을 나가는 가상이다.

소남토, 장남목 자리가 비어 있기 때문에 자식이 마음을 잡지 못하고 방황하는 가상으로 보게 된다.

집이란 사방이 꽉 차 있어야 좋게 본다.

특히 북동쪽이 없는 가상은 흉가로 본다. 이러한 가상은 설령 내부가 꽉 차 있다 해도 출입문과 집의 기두가 맞지 않다.

불배합의 가상에도 출입문과 방의 구조에 따라서 화복일 달라진다.

위 주택구조는 흉가로서 첫째는 자식들이 잘 풀리지 못하고 나돌게 되어서는 희망이 없는 가상이다.

이러한 가상은 다른 어떤 처방이나 방법은 없다. 이 집에서 떠나는 것이 상책이다.

가장이 위축된다

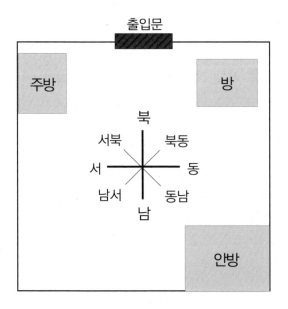

이 집은 실내공간이 빈상으로 생겼기 때문에 재산이 모이지 않는 가상이다.

그리고 가장의 자리인 노부금의 자리에 주방이 들어섰기 때문에 주인의 권위가 떨어진다.

출입문이 북쪽의 水국이므로 안방과 근본적으로 기두가 잘 맞는다.

그러나 기두가 잘 맞는다고 해서 모두 좋은 가상이 되는 것은 아니다.

가상학의 음양의 조화가 맞기 때문에 별 탈이 없겠으나 가장이 실권이 없고 남자는 여자에게 기를 못 펴고 사는 가상이다.

동남쪽의 방이나 북동쪽의 방에서 잠을 잘 때에는 서쪽으로 머리를 두고 자는 것이 그나마 방패가 된다.

주택의 3대 요소는 문주조이다. 출입문과 기두와 주방이 모두 잘 맞으면 길하게 본다. 그러나 이 3가지가 모두 잘 맞는 가상은 매우 드물다.

그러므로 집을 지을 때 풍수적으로 잘 맞추어서 짓는 것이 무엇보다 중요하다.

관재수 있는 집

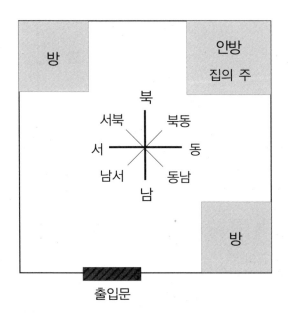

이 집은 출입문이 남쪽도 아니고 남서쪽도 아닌 남쪽과 남서쪽에 맞물린 상태이다. 출입문에 이렇게 패철 방향이 맞물리게 되면 집안에 시시비비가 자주 생기고 관재구설 수가 생기게 된다.

土土는 위장이 나빠진다

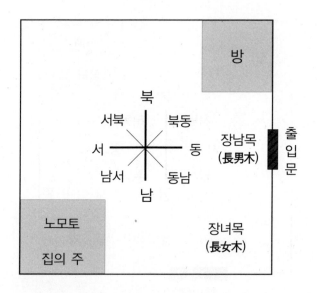

　이 아파트는 출입문이 동쪽의 장남목인데 집의 주가 남서쪽으로 노모토 자리이다.

　기두와 출입문이 목극토하여 가상이 맞지 않다. 이러한 가상이라면 잠시라도 동남쪽 장녀목에서 거처를 하는 것이 다소의 피해를 줄이게 된다.

　이러한 가상은 집안에 도배를 할 때 녹색과 붉은색으로 하는 것이 좋으며 거실 쪽에 어항이나 정수기 같은 것을 배치하는 것도 무방하다.

풍수적으로 인테리어를 해도 영구적일 수 없다. 어디까지나 가상은 출입문과 집의 기두가 맞지 않으면 좋지가 않다.

이 가상은 장남목 출입문에 집의 주가 노모토에 있으므로 이곳에서 오래 거처하면 위장병으로 고생하게 되는 가상이다.

불배합의 아파트 과부되는 집이다

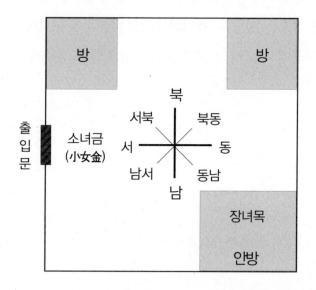

이 아파트는 출입문이 서쪽의 金국이다. 기두가 되는 안 방과 거실이 동남쪽으로 쏠려 있다. 출입문과 집의 기두가 잘 맞지 않기 때문에 매사가 꼬이고 잘 되는 일이 없다.

가상의 인테리어에 맞추어 그림을 걸어두면 좋다. 이 집 은 木기가 왕성하므로 木의 힘을 제어해 주면 된다. 오행 에서는 국화는 금이기 때문에 국화 그림은 金의 기운을 가 지고 있다. 그리고 도배는 흰색으로 하는 것이 제일 좋다. 그리고 텔레비전이나 가구 위치는 서쪽 방향으로 놓는 것이 가장 좋다.

그러한 방법도 가상이 좋아진다는 것은 아니다. 그나마 현상유지를 해 보자는 뜻이다. 가상이 맞지 않고 불배합이 되면 집을 옮기는 방법 밖에는 도리가 없다.

집의 구조를 바꾸는 것도 쉽지가 않다. 그래서 집을 지을 때 구조를 맞추지 않으면 별다른 방법이 없다는 뜻이다.

작은 아들이 잘 되는 집

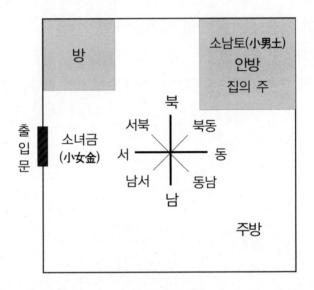

출입문이 서쪽의 소녀금 자리인데 주는 북동쪽의 소남토이다. 소남토와 소녀금은 음양이 잘 맞는 가상이다. 작은 아들이 머리가 총명하여 출세하게 된다. 소녀와 소남의 가상이란 최상의 가상이 된다. 장래가 촉망되고 희망이 있는 집이다.

공처가가 되는 집이다

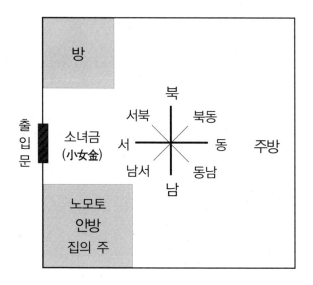

이 집은 출입문이 서쪽의 소녀금이다. 그러나 안방이 노모토 자리로서 출입문도 소녀금이고 안방도 노모토로서 여자이다. 이렇게 되면 아내가 가세를 쥐는 가상이다. 그러나 주택 삼요결에서는 배합이 잘 맞는 집이다. 이러한 가상은 보기 힘들다.

돈과 명예가 실추되는 가상이다

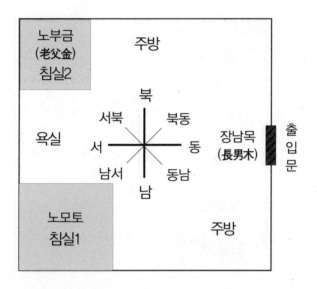

이 아파트는 출입문이 동쪽인데 남서쪽에 침실1이 자리하고 있다. 출입문과 집의 주가 맞지 않는 가상이다.

서북쪽에 침실2는 노부금 자리로서 집의 가장이 거처하면 좋은 방이다. 그러나 주방과 욕실에 둘러싸여 있어서 좋지가 않다. 명예와 권위가 실추되어 남자의 덕이 없는 가상이다.

출입문이 동쪽의 장남목인데 집의 주는 남서쪽의 노모토이다.

기본적으로 집의 주인 기두와 출입문의 음양이 맞지 않는다.

그 집안에서는 가장이 제일 어른이요, 집의 주인인데 주인이 권위를 잃게 되면 집안 전체의 명예가 실추된다. 주방의 위치는 양택에서 매우 중요하게 여긴다.

양택의 삼대요소 중에서 제일 먼저 집의 기두를 보게 되고 두 번째로 출입문을 보게 되는 것이다. 이를 두고 문, 주, 조라 한다. 이 3가지의 이치에서 벗어나게 되면 좋은 가상으로 볼 수가 없다.

출입문은 집의 주를 木극土하고 있고 제2침실 노부금은 출입문을 金극木하고 있고 서로 극으로만 치닫고 있다. 불배합이라도 오행이 그나마 상생이 되어야 할 텐데 서로가 극으로 극으로 치닫는 것은 매우 흉가에 속한다. 이러한 가상은 실내배치를 아무리 잘해도 소용이 없다.

불배합 가상은 좋은 방을 사용한다

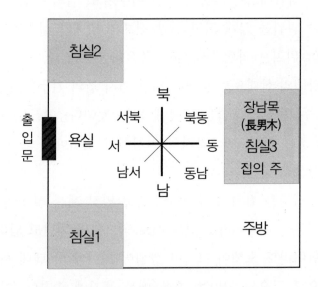

가상이 출입문과 주의 음양에 배합이 잘 맞지 않는다 해도 어느 쪽에 거처를 하느냐에 따라 큰 액운을 막을 수 있다.

이 집은 1번과 2번의 침실이 좋다. 가족들이 되도록이면 1번의 침실이나 2번의 침실에서 기거하는 것이 좋다. 그리고 집안의 인테리어에도 신경 써야 좋은 운기를 불러들이게 된다.

서쪽 金국에 출입문이 있으므로 서쪽 가상에 맞추어 인테리어를 하는 것이 좋다.

집안 벽면의 색과 커튼색은 흰색으로 맞추는 것이 좋다.

그리고 벽면에 그림을 하나 걸더라도 오행에 맞는 그림을 걸어두면 도움이 된다. 사군자는 음양오행에 해당이 된다. 매화는 水이고 대나무는 火에 해당되며 난초는 木이고 국화는 金, 산수화는 土에 해당된다.

이중에서 집의 구조에서 제일 약한 부위에 그림을 걸어두면 크게 도움이 된다. 벽면의 색상도 마찬가지로 그 오행에 맞는 색상이면 제일 좋다.

당뇨병 생기는 집이다

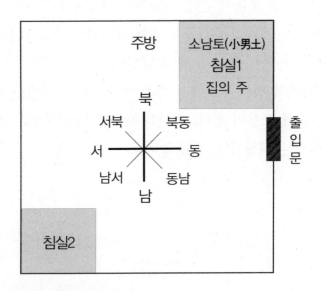

　양택의 배합이란 출입문과 그 집의 기두가 잘 맞기 때문에 좋게 보는 것이다.

　그러나 이 집은 출입문과 집의 주가 맞지 않아 어느 한쪽에도 몸을 붙일 곳이 없다.

　이 아파트는 출입문이 동쪽의 장남목이다. 기두가 동남쪽의 장녀목이 되면 가장 좋은데 동남쪽은 비어 있게 되어 허술한 가상이 되었다.

　안방이 북동쪽의 소남토로서 출입문에 장남목이 목극토

하므로 위장이 상하게 되어 당뇨병이 생기는 가상이다. 그리고 위장병으로 수술을 할 수도 있다.

풍수인테리어는 오행에서도 가장 약하고 허약한 곳을 보충해 주는 노력을 하는 것이다.

그리고 이집에서 가장 허한 곳은 서쪽의 金이다. 이럴 때는 벽면도 백색으로 하고 金의 기운이 강한 국화 그림을 걸어두게 되면 土는 金을 생하고 매화 그림을 하나 걸어두게 되면 金은 水를 생하고 水는 木을 생해서 오행의 순행을 하게 되는 것이다.

그리고 필요에 따라 대나무 그림도 하나 걸어두게 되면 오행이 골고루 배치가 되어서 상생의 구도로 돌아가게 된다.

위장과 심장이 나빠진다

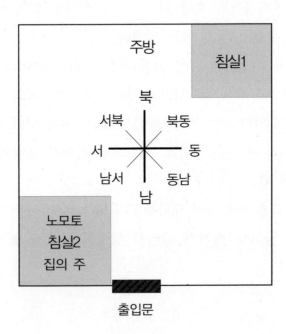

주방

침실1

북

서북   북동

서 ━━━━━ 동

남서   동남

남

노모토
침실2
집의 주

출입문

　남쪽의 중녀화와 남서쪽의 노모토가 서로 맞물리는 출입문이다. 남쪽은 火국이고, 심장에 해당되며 남서쪽이 土의 자리이니 위장에 해당하는 자리로서 여자들은 위장과 심장이 나빠지게 된다.

　출입문의 위치가 그 집안의 길흉을 얼마나 좌우하는지에 대한 좋은 예이다.

출입문이 8방위를 벗어나게 되면 그 옆의 방위를 침해하게 된다. 이렇게 방위와 방위가 맞물리게 되어 큰 피해를 가져오게 된다.

부녀자들의 위장, 심장이 나빠지게 되어 심상치 않은 병을 가져오게 되고 재산은 자꾸 나가게 되는 현상이 일어난다.

위 가상은 불배합중에서도 아주 나쁜 혼합불배합이 되어서 아주 나쁘다. 혼합이란 주역의 8괘중에서 노모土와 중녀火가 맞물리는 자리에 출입문이 나와 있다.

이렇게 되면 土의 기운과 火에 기운이 서로 싸우는 것이다. 이렇게 싸우는 기운이 실내로 들어가서는 공기 중의 산소(O_2)를 망가뜨려서 좋은 기가 들어갈 수가 없게 되는 것이다.

작은 아들이 출세한다

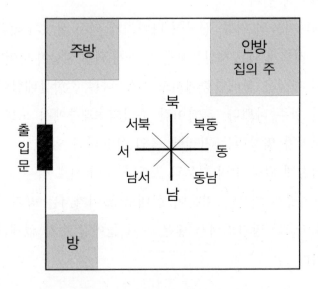

이 집은 배합이 잘 맞고 가상이 좋은 집이다. 그러나 출입문이 서쪽의 소녀금인데 기두가 북동쪽의 소남토 자리라면 이 집은 서사택의 배합에서 잘 맞는다.

이러한 가상은 인테리어에 신경을 써야 한다. 도배를 할 때 녹색으로 하는 것이 가장 잘 어울리고 집안의 생활도구들도 철제보다는 나무로 된 것으로 장식하는 것이 좋다.

실내의 조명은 흰색보다 붉은색으로 장식하는 것이 좋다. 벽면에 붙이는 그림은 난초나 대나무가 좋다.

과거에 주택 삼대요소에서 말하는 삼요결이 다 잘 맞는 최상의 가상이다. 출입문에서 들어오는 기운은 산소(O_2)가 형성이 되어서 소남土의 기두와 잘 맞아 떨어지고 노부金의 주방에서는 음식의 맛이 나서 가족들의 건강 또한 좋아지게 되고 앞으로 장래가 보장되는 가상이다. 수십 채의 주택 내지 수백 군데를 가보아도 이렇게 가상이 잘 맞는 집이 드물다.

재산이 모이지 않는 집

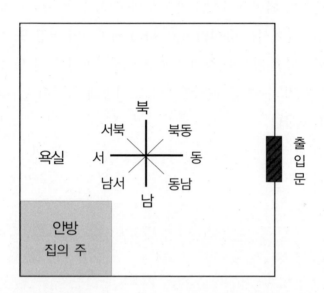

아파트의 구조에 따라 그 집안의 돌아가는 사정을 읽을 수 있다. 이 아파트는 출입문이 동쪽 장남목에 위치하고 있다.

그러나 안방은 남서쪽의 노모토이므로 출입문과 집의 주는 서로 극을 하고 있다.

음양오행에서는 木극土하여 재산이 모이지 않고 오히려 모아둔 재산마저 나가는 형태이다.

이러한 집은 양택의 배합으로 보면 서북쪽에 출입문이

나와 있었다면 제일 좋으나 그것이 되지 못해도 최소한 욕실이 있는 서쪽의 소녀금의 자리에라도 출입문이 나와 있었다면 좋았을 것이다.

이 집은 실내에 土金이 왕성하므로 木의 기운을 왕성하게 할 필요가 있다. 목공예품이나 고가구 등을 설치하는 것이 좋다.

노모土의 가상이면 가진 것이라곤 재물밖에 없는데 그 재물을 아들이 자꾸만 극을 하여 갖다 내버리는 형태이므로 이것은 木극土에서 알 수가 있다. 극을 받은 쪽에서는 위축이 되고 줄어들기 마련이다. 그래서 이 집은 자식이 돈을 갖다 내버린다는 것을 알 수가 있다.

부상의 건물

　건물은 외형적으로 봐서 매끈하고 반듯하고 외관으로 보아서 두부모처럼 약간 길고 뾰족뾰족하게 튀어나오고 들어간 곳이 없어야 한다. 이 건물은 여러 가지 조건이 갖추어졌다고 볼 수가 있다.

　건물이 부상으로 지어지면 건물주나 이곳에서 거처하는 세입자에게도 부가 따르게 된다.

　건물의 형태도 가지각색으로 다르기 마련이다. 이 건물

은 외형상으로 볼 때 반듯하고 어디 하나 흠잡을 데가 없는 귀상이다.

모든 만물이란 다 마찬가지로 과일도 비뚤어지고 찌그러져 있다면 먹기 꺼려지듯이 건물도 마찬가지다. 그래서 옛날 속담에 보기 좋은 떡이 먹기도 좋다하는 속담도 있다.

모든 사물은 생김새도 중요하다. 그래서 건물도 반듯하고 비뚤어진 곳이 없고 약간의 직사각형으로 잘생기고 속 공간이 넓어야 좋다. 그래서 이를 두고 부상이라고 하는 것이다.

물론 출입문과 집의 기두는 별개의 문제다. 이것은 재어 보아야 하는 것이다.

건물 상부의 충이다

　건물이 상단부위 정상인 꼭대기에서 충을 하게 되면 화복론에서는 어떻게 판단해야 할까? 길흉화복에서는 방향과 좌향에서 결론을 내리기도 하지만 이렇게 상단부위에서 충을 하는 경우에는 건물의 하단에서 충수를 헤아려서 길흉을 논하게 된다.

　건물은 우선 외부에서 보기에 매끈하고 모가 나지 말아야 한다.

아래쪽에서는 잘 지어졌어도 위 상단부위가 충하게 되면 부상으로 볼 수 없게 된다.

건물이나 주택이 옆 건물과 충을 하는 것은 가장 흉격이요, 건물 자체도 모가 나거나 삐뚤어지는 것을 가장 꺼리게 된다.

건물 상단부위가 삐뚤어지거나 충을 하게 되면 교통사고나 중풍을 맞게 되는 형상이다. 그래서 과거부터 건물을 새로 짓고 사망하는 경우도 있고 관재구설수가 따르는 경우도 많다.

어떠한 건물이라도 모양이 삐뚤어지고 찌그러지면 이것은 흉격으로 보는 것이다.

첫째는 건물이 반듯해야 하고 또는 두툼하고 알맹이가 많아야 한다. 알맹이라 함은 건물의 크기에 비해서 속공간이 넓어야 한다는 뜻이다. 그래야 부상의 건물이 된다.

쌍둥이 건물 시비가 잦다

한쪽에 건물이 잘 지어졌다 할지라도 그 한 채만 보고 길흉을 판단하기란 너무 이르다. 주변의 환경이 좋아야 한다. 바로 옆에 붙어있는 건물이 똑같이 생겼다면 이것은 좋지 못하다.

매사가 그렇듯이 하나만 만족해야지 두 개의 욕심은 필요 없는 것이다. 같은 형상의 건물일 때는 시비가 자주 발생하게 되는 가상이다.

건물의 형태가 옆에 있는 건물과 똑같은 형상이면 서로 세력이 대립하게 되어 좋지 못하다. 건물이 쌍둥이처럼 같은 방향으로 똑같이 지어졌다면 시시비비가 자주 일어나고 원형이어서 과학적이지 못하다.

그래서 양택 풍수지리에서는 가상의 모양을 보고 길흉화복을 하게 된다. 위 사진 같은 경우에는 쌍기두 집이 된다. 쌍기두란 힘의 균형이 꼭 같아서 하는 말이다.

쌍기두란 한마디로 말해서 한집의 주인이 둘이 되는 것과 같은 형상이다. 그래서 쌍기두 집에서는 그 누구도 부자가 되거나 잘되는 사람이 거의 없다. 관재구설수나 시비로 인해서 망하는 경우가 허다하다. 이러한 건축물은 건축을 한 건축업자나 세입자, 건축물을 소유하고 있는 주인도 부를 축적할 수 없다.

건물이 길상인가 흉상인가에 따라 사람에게 미치는 영향 또한 크다.

길상은 부가 쌓인다

이 아파트는 보기에 가지런하고 주택 삼요결에서 말하는 전저후고의 전형적인 상이다. 아파트에서 동과 동 사이의 거리가 적당히 떨어져 있으므로 길상으로 보게 된다.

'보기 좋은 떡이 먹기도 좋다'는 속담이 있다. 그것은 모든 만물이 거의 마찬가지이다.

건물이나 아파트도 예외는 아니다. 아파트가 지어질 때 두부모처럼 반듯하게 지어져야 한다.

그러나 더더욱 중요한 것은 출입문과 집의 기두가 잘 맞는 것이다. 그것은 기본적이라 할 수 있다.

그러나 외부에서 볼 때도 건물과 건물 사이가 적당한 간격을 두고 떨어져 있어야 한다. 그것은 공기를 맑게 하는 것이다.

공기란 외부에서 불어오는 바람의 저항을 적당히 받아서 살풍으로 변하지 않게 하여 공기를 산소로 변화시키는 역할을 하기 때문이다.

아파트도 반듯하고 길상의 건물에서 살게 되면 거기에 살고 있는 사람들이 몸과 마음이 편안하다는 것이다. 몸과 마음이 편안하다함은 모든 일이 마음먹은 대로 잘 풀려 나간다는 뜻이다. 그래서 모두가 길상의 건물이나 길상의 집을 찾는 것이다.

원형의 건물 산소를 만들지 못한다

　언뜻 보기에 반듯한 건물 같아 보이지만 풍수지리로 보면 좋지 않은 건물이다. 건물이 원형의 형태가 되어서 현실적이지 못하고 건물의 외면에 들어가고 나온 굴곡이 많아서 좋지가 않다. 이러한 건물의 실내에는 공기의 흐름이 고르지 못하다.

　지구상에서 모든 건물은 직사각형의 건물이 가장 많다. 그것 또한 어떠한 이유가 있는 것이다. 건물이 사각이면 실내공간도 사각이기 때문인데 공기는 원형으로 돌게 되어서 네 귀서리로 못 쓰는 공기를 밀어내는 역할을 하게 된다. 그렇게 되면 공간의 중앙으로 좋은 산소가 모이게 되는 원리가 되는 것이다.

로열층은 중앙층이다

아파트는 중앙층이 로열층이다. 아래에서 1, 2층은 좋지 못하고 위에서 1, 2층도 좋지 못하다. 그런데 이 아파트는 중앙의 1층이 낮아져서 파여 있다. 이렇게 되면 힘이 양쪽으로 갈라지게 되어 가운데 동에 사는 사람은 좋지 않다.

건물의 모든 형태는 그 생김새에 따라서 공기가 흩어지게 되어 있어서 그 모양이 대단히 중요하므로 모양이 반듯해야 한다.

건물이 빈상에 속한다

건물의 길흉을 판단할 때에는 생김새에 따르는 것이 좋다. 이 건물은 최상의 건물로 지어졌는데 아쉽게도 위에서 뒤쪽으로 힘이 쏠리고 말았다. 이렇게 되면 자금을 뒤로 빼돌리게 되어 실속이 없는 가상이다. 건물의 외부에서 볼 때 그 생김새가 건물 전체의 길흉을 담당하게 된다.

그러나 실내에 들어가서 살게 되는 세입자는 크게 영향을 받지 않으므로 출입문과 자리를 잘 맞추어서 앉는 것이 좋다.

그러나 그 건물의 주인은 다르다. 건물의 소유자이기 때문에 건물이나 가상이 좋지 못하면 그 피해는 고스란히 주인에게 돌아간다.

건물이 삐뚤어지거나 빈상의 건물일 경우에는 부를 이루지 못한다.

그리고 위에 있는 이 건물은 위로 올라갈수록 건물이 좁아지게 되어서 나중에 끝 부위가 창끝처럼 모양이 나오게 되어서는 좋은 건물이라고 보지 못한다. 건물의 상층부위에도 뭉침이 덩어리 즉 두부모처럼 반듯하게 생긴 것이 제일 좋게 본다.

식당 주방의 위치가 중요하다

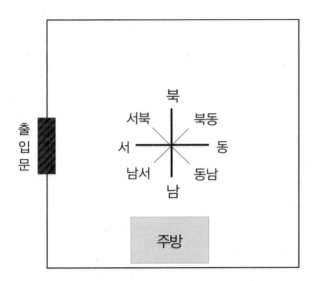

서쪽의 소녀금이 출입문인데 주방이 남쪽 중녀화에 위치하고 있다. 주방은 북쪽이나 서쪽에 위치해야 좋다.

주방은 음식물이 잘 쉬지 않게 관리해야 하는 목적도 있지만 음양과 오행상 주방이란 水에 해당하는 자리가 적격이다. 더구나 남쪽과 동남쪽에 위치하고 있으면 좋지 않다.

이 집은 집안에 土기와 金기가 왕성하고 火기와 木기가 부족하다.

이러한 가상은 집안이 차갑고 쓸쓸하므로 밝고 온화한

기운을 불러들이는 노력이 필요하다.

　도배를 하더라도 붉은색이나 녹색으로 하는 것이 좋다. 집 안에는 고가구 같은 장식물이 필요하다. 벽면에는 대나무 그림이나 난초 그림이 가장 좋다. 대나무는 여름철의 화(火)를 상징하며 난초는 봄을 상징하는 木에 해당한다.

　특히 주방이란 출입문과 배합이 잘 맞아야 한다. 그리고 방향의 위치도 남쪽이라면 햇빛이 잘 들어 더운 느낌이 있어서 음식물이 잘 변하기 때문에 좋지 못하다.

　물론 그래도 출입문과 음양의 배합만 잘 맞으면 별로 문제는 되지 않는다.

출입문과 주방의 위치가 음식점이라면
손님이 줄을 서게 된다

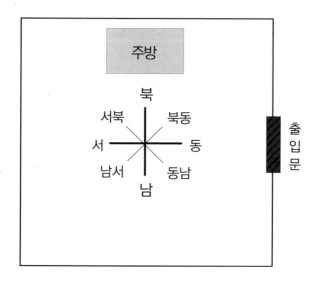

이 집은 출입문이 동쪽의 木국에 위치하고 있다. 주방이
북쪽 水국에 위치하고 있으므로 대단히 길한 좋은 가상이
다. 木은 물이 필요한 만큼 북쪽의 주방에서 水를 생하게
되니 木이 저절로 자라나게 된다.

그러나 음양의 이치에도 집의 기두가 맞지 않는다.

가상이란 기두와 출입문이 잘 맞지 않는다고 해도 배열
의 구조가 원만하게 잘 짜여 있다면 흉가로 보지 않는다.

이 집은 의외로 金기가 부족하므로 인테리어를 할 때에는 흰색으로 하는 것이 좋고 장식품도 금속 액세서리 등이 좋다.

그러나 주방과 출입문이 음양의 배합이 잘 맞아서 매우 좋다. 원래는 문주조라 했으니 첫째는 출입문과 기두가 잘 맞는 것이 원칙인데 이집은 출입문과 주방이 잘 맞게 되어서 가정집보다는 음식점이라면 최상의 조건이라고 볼 수가 있다.

불배합의 출입문과 주방 음식점이라면
손님과 시비가 잦다

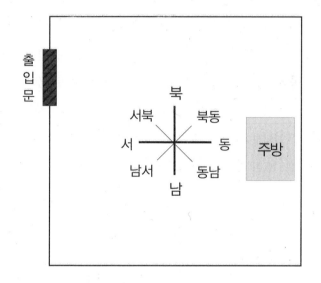

이 집은 주방의 위치가 근본적으로 나쁘다. 출입문이 약간 서북쪽으로 밀려 있기 때문이다. 주방의 위치는 장남목인데 노부금에 가장의 자리가 비어 있기 때문에 좋지가 않다.

북동쪽의 방을 사용하면 잠 잘 때에는 머리를 서쪽으로 두고 자는 것이 좋다.

인테리어는 노란색이 좋으며 검은색도 무방하다. 집안

에 고가구 같은 木제품으로 장식하면 좋다.

가상이 흉가라면 말 그대로 흉한 일이 비일비재하게 일어나게 되어 돈과 가족들의 건강이 나빠지게 된다. 이러한 가상은 하루빨리 다른 곳으로 옮기는 것이 최선의 방법이다.

그런데 위 그림에서는 출입문이 소녀金에 약간 물려 있기 때문에 이를 두고 혼합출입문이라고 하게 된다. 그러나 많이 물려 있지는 않아도 조금만 물려 있어도 갖은 시비와 충돌하는 일이 생기게 된다. 출입문이나 주방이나 할 것 없이 주역8괘에서 각계의 중심지에 위치해야 하므로 옆에 붙은 타 괘와 맞닿지 않아야 한다.

음식 맛이 안 좋고 폐가 나빠진다

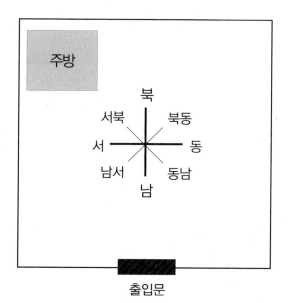

출입문

주방의 위치에 그 가정의 흥망성쇠가 달려 있다. 일반인들은 주방의 중요성을 알지 못한다. 그러나 주방에서부터 가족들의 건강이 좌우되는 것이다.

노부금 자리는 주인의 자리인데 그곳에 주방이 있으면 그 가게의 주인은 명예가 실추된다.

그리고 이 아파트는 노부금의 자리가 비어 있어서 허하게 된 가상이다.

집안에서 제일 권위가 있어야 할 자리가 허하게 되면 가장의 명예나 권위는 실추되게 된다.

무엇보다 주방이라면 그 가정에 건강을 책임지고 있는 건강관리소다. 그런데 건강관리소가 하필이면 출입문과 음양의 조화가 맞지 않으면 그 가정의 가족들은 건강이 무너지게 된다. 무엇보다 건강이 제일인데 건강이 좋지 않다면 부와 귀가 따를 리가 없다.

그리고 이공간이 영업을 하는 음식점이라면 장사는커녕 손님들과 시비와 음식 맛이 좋지 않아서 망하게 된다. 손님들도 그 집에서 음식을 먹게 되면 첫째는 맛이 있어야하고 먹은 후에 소화가 잘되고 기분이 좋아야 할 텐데 음식 맛이 나지 않으면 손님이 찾아올 리가 없다.

침대와 가구배치 신혼부부에게 좋다

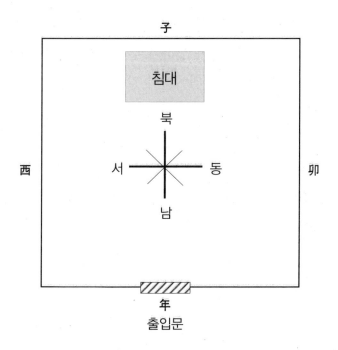

남쪽에 午문이라면 오행으로는 火국이다. 火국에 출입 문이 있다면 머리를 두고 잠을 자야 하는 방향이 여러 방 향이 있다.

북쪽 子좌방향에 머리를 두고 자면 좋다. 동쪽 장남목의 방위와 동남쪽 장녀목의 방위에 침대를 놓을 수 있다.

이 3방위 중에서 어느 방이라도 머리를 두고 자면 좋다. 동쪽과 동남쪽에 걸쳐 있는 침대는 길게 뻗어 있기 때문에 잠을 잘 때에는 어느 쪽으로든 무방하다.

동쪽이나 동남쪽의 오행으로는 木국이기 때문에 출입문의 火국과는 목생화하여 생하여 주기 때문에 길하게 본다.

인간은 하루 종일 움직이다가 밤이 되면 수면을 취하면서 하루 종일 쌓인 피로를 풀게 된다. 그러나 일반인들은 누구나 어느 쪽으로 머리를 두고 자야 하는지 알 수가 없다. 그래서 전문가인 풍수사에게 자문을 받게 된다. 아무쪼록 잠을 자는 위치와 방향이 대단히 중요하다는 것을 말하고 싶다.

남서쪽 문에 맞지 않는 침대
아들 건강 안 좋다

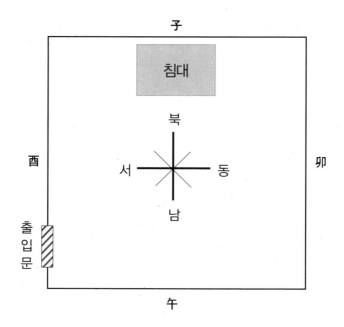

남서쪽 坤좌의 출입문은 『주역』 8괘에서 노모토 자리이다.

위의 그림과 같이 북쪽에 침대를 배열하게 되면 방향이 맞지 않는다. 침대자리 북쪽에 水국에 놓여있다. 그렇다면 출입문이 서남쪽에 노모토가 되어서 이것은 土극水가 된다. 그러면 침대에서 자는 사람이 극을 받아서 매우 좋지 못하여 흉격이다.

건강과 재물이 새어 나가게 되고 북쪽의 子좌 역시 水국이다.

출입문의 노모토와 잠자는 방향 水국과는 土극水가 되어 좋지 않다.

위 그림과 같이 침대를 놓고 잠을 자면 잠자리가 편안하지 않아서 잠을 푹 잘 수 없고 특히 머리가 자주 아프고 특히 위장병이 생겨서 고생을 하게 된다.

그리고 계속 이 자리에 침대를 놓고 잠을 자게 되면 끝내는 위장수술까지 하게 된다.

그리고 끝내는 자식까지도 건강을 잃게 되는 것이다. 첫째는 건강이 나빠진다면 재물이야 자동적으로 줄어들게 되는 이치와 같다. 하루빨리 침대를 옮기는 것이 최선의 처방이다.

서북쪽 문에 남서쪽 침대
재물과 명예가 찾아온다

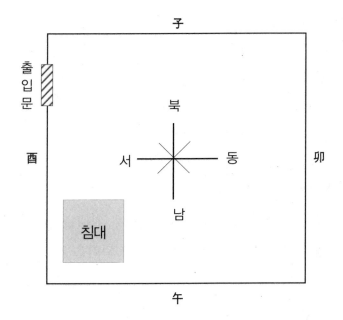

출입문이 서북쪽의 乾문 乾좌라면 어느 쪽으로 머리를 두고 자는 것이 제일 좋을까? 다른 문과는 달리 乾문은 매우 까다롭다. 아무 곳에나 머리를 두고 자는 것은 매우 위험한 발상이다.

乾좌는 8괘에서 노부금의 방향이다. 노부금은 명예나 권력을 나타내는 권위주의이다.

이 방향의 출입문에 걸맞게 침대를 놓을 때도 방향을 잘 맞추어야 한다.

그런데 노부금의 출입문은 머리를 두고 잠을 자야 하는 곳이 있다.

남서쪽의 坤坐에 머리를 두고 자는 것이 제일이다.

남서쪽은 노모토로서 노부금과는 토생금하여 대단히 좋은 자리이다.

모든 사물은 음양과 오행이 잘 맞아야 한다는 것인데 노부金 노모土는 土생金하여 이상적이며 주택의 동서사택에서도 가장 알맞은 배합이다.

이렇게 노부金의 출입문에 노모土에 침대를 놓게 되면 이것은 최상의 배합이다. 돈과 명예와 권력을 두루 가지게 되는 자리다.

서쪽 문에 동북쪽 침대 머리가 좋아진다

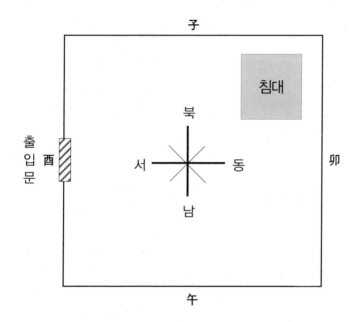

방의 출입문이 서쪽의 酉문이라면 과연 어떤 쪽으로 머리를 두고 자는 것이 제일 좋을까? 酉문이면 서쪽에 있는 소녀금의 문을 말한다.

그렇다면 酉문과 음양이 제일 맞는 쪽은 북동쪽이다.

북동쪽은 艮좌로서 소남토이다. 이렇게 되면 소녀금은 오행에서는 土生金으로 생을 하여 매우 좋게 보는 것이다.

소남토, 소녀금은 장래를 설계할 수 있는 꿈이 있는 방향으로 귀격이다.

북동쪽의 소남토에 침대를 놓고 자게 되면 머리가 맑아지고 잠을 푹 잘 자게 되어 첫째는 건강이 좋아지고 하는 일마다 잘 되어 기쁜 일만 생기게 된다.

그리고 날이 갈수록 발전을 가져와서 4년, 5년마다 발복을 가져와 장래가 보장되는 자리다.

양택풍수에서는 주역8괘와 4방위로 나누어서 동서사택으로 나누는데 이 동서사택이란 바꾸어 말해서 음사택과 양사택이란 말과도 같다. 이렇게 음양을 맞추어 놓은 것이 오행도 상생되는 4곳이다.

그러나 우리가 풍수에서 화복을 논할 수 있는 곳은 8×8=64여서 64곳을 맞추어 화복을 할 수가 있는 곳이 양택풍수이다.

남서쪽 문에 북서쪽 침대 재물이 찾아온다

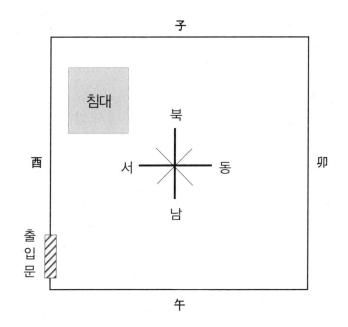

잠자는 방향을 잘 정하는 것이 좋다. 정확하게 하려면 사람과의 사주를 풀어서 오행에 따라 하는 것이 좋다. 그러나 사람들은 대부분 그 방의 출입문에 맞추어서 자는 경우가 많다.

출입문이 남서쪽의 坤좌라면 노모토의 방향이다. 노모토와 제일 좋은 방향은 노부금의 향이다.

서북쪽으로 머리를 두고 자는 것이 좋다. 노모토의 출입
문과 노부금의 자리는 우선 음양이 잘 맞고 오행에서도 土
생金으로 생을 해주기 때문에 좋은 자리이다.

출입문과 잠자는 방향이 잘 맞으면 자고 일어났을 때 머
리가 맑고 상쾌하므로 밖에서 활동할 때 좋은 기분으로 일
할 수 있다.

가구는 출입문과 음양의 배합이 잘 맞지 않는 방향에 배
치하면 좋은 공간을 활용할 수 있어서 좋다.

우선 기물을 배치할 때 출입문과 남쪽의 火국은 배합이
맞지 않기 때문에 이곳에 배치하게 된다.

동남쪽 문에 북쪽 침대 부부 금슬 좋다

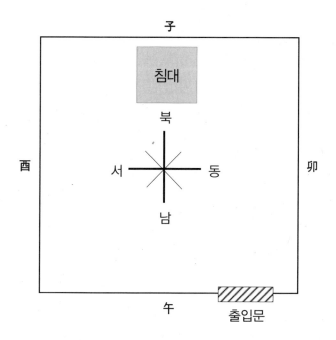

출입문이 동남쪽이라면 가구와 침대를 어디에 놓아야 할까? 출입문은 동남쪽의 장녀목이다. 이렇게 되면 가구와 침대를 배치하기에는 너무나 못마땅하다. 원칙적으로 북쪽에 침대를 놓는 것이 제일 좋다.

북쪽은 중남수이기 때문이다. 출입문의 장녀목과 중남수와는 水생木이 되어서 매우 좋다.

그 다음에 남쪽은 중녀화이기 때문에 매우 좋으나 午방향인데 남쪽은 출입문과 너무 가까워서 침대를 놓기가 불편하다.

장녀목의 출입문에서 북쪽에 침대를 놓고 잠을 자면 마음이 편안하고 잠을 푹 자게 되어 건강에도 매우 좋으며 특히 남녀의 화합이 잘 되어서 가정이 화목해진다. 특히 남자는 정력이 왕성해지게 되어 부부애가 더욱 좋아지게 된다.

장녀木의 출입문에 들어오는 기운이 중남水의 침대 자리와는 음양이 대단히 좋다고 보는 자리다. 주택의 삼대요소에서도 동서사택에서 배합이 가장 좋으며 음양에서 대단히 좋은 자리다.

북쪽에 침대를 놓고 잠을 자게 되면 제일 먼저 건강이 좋아지고 재물도 들어오게 되어서 앞으로도 대단히 좋아지는 자리임에는 틀림없다.

남쪽 문과 동남쪽 침대 금시발복이다

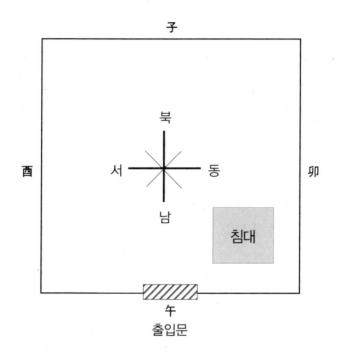

방의 출입문이 남쪽의 午문이다. 그렇다면 과연 어느 쪽에 가구를 배치하고 침대는 현 위치가 적당한지 살펴보기로 한다.

午문이면 중녀화이다. 현재 침대가 있는 자리는 동남쪽에 巽좌이다.

巽좌는 장남목과 장녀목이다.

남쪽의 문이라면 이 자리는 금시발복하게 되고 제일 좋다. 그러나 2~3년 주기로 침대를 바꾸어 놓는 것이 중요하다.

침대는 정동이나 동남쪽이나 마찬가지이다. 가구는 서쪽 방향에 적당한 위치를 골라서 놓는 것이 좋다.

서쪽은 소녀금이다. 출입문과는 음양과 오행이 잘 맞지 않는 곳이다.

출입문과 음양오행이 잘 맞지 않는 곳에 가구를 배치하면 잘 맞는 자리에는 사람이 거처할 수 있어 좋다.

어떤 집에는 동서사택에서 어긋나는 불배합에다 침대를 놓고 잠을 자게 되고 좋은 자리에는 가구나 텔레비전을 놓게 되어서 이것은 동서사택에서 거꾸로 바꾸어서 잠을 자는 경우가 허다하다.

남서쪽 문에 서북쪽 침대 명예와 재물이 들어온다

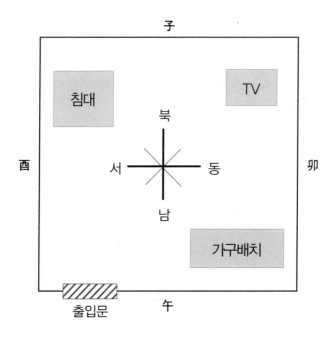

방의 출입문이 남서쪽이라면 가구배치는 어디가 좋고 침대는 어디에 놓아야 좋을까?

출입문이 남서쪽이라면 未坤申 방으로 노모토이다. 노모토와 음양이 제일 맞는 곳이 과연 어디이며 가구와 침대를 어떻게 배치해야 가장 좋을까 하는 것이다.

제일 먼저 침대를 좋은 자리에 놓고 나머지 가구나 화장대, 텔레비전 같은 기물을 정리해 놓으면 된다.

현 그림과 같이 노부금의 자리에 침대를 놓으면 제일 좋다.

출입문이 남서쪽으로 노모토이다. 침대는 서북쪽의 노부금 자리에 놓게 되면 土생金이 되어 제일 좋은 자리가 된다.

출입문이 노모토의 자리라면 이 방에는 오디오 같은 것을 설치하면 정서적으로 매우 좋다.

그 다음에 가구는 자리를 많이 차지하고 한번 놓으면 변동시키기 어렵기 때문에 출입문과 음양이 맞지 않는 곳에 놓는 것이 제일 좋다.

위 그림에서는 출입문과 음양이 맞지 않는 곳은 동쪽으로 장남목의 방향이다.

남쪽 문에 남동쪽 침대 금시발복이다

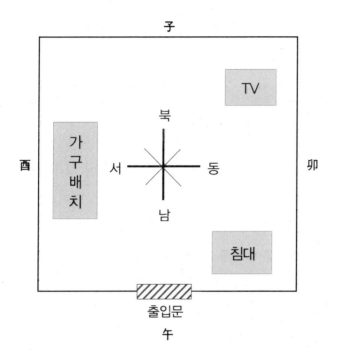

방의 출입문이 남쪽의 午문이다. 午문은 출입구가 비교적 잘 나왔다고 볼 수 있다. 이렇게 되면 가구와 침대를 배치하기가 제일 편리하다.

첫째 가구는 출입문과 배합이 잘 맞지 않는 곳에 배치하는 것이 제일 좋다. 텔레비전이나 화장대 같은 것도 마찬가지이다.

사업하는 성인이라면 침대를 동남쪽의 장녀목에 놓는 것이 효과적이다.

공부하는 학생이라면 동쪽의 장남목에 침대를 놓는 것이 제일 좋다.

텔레비전 같은 기물은 북동쪽의 소남토 자리에 놓는 것이 효과적이다.

가구는 그림과 같이 서쪽의 소녀금 자리에 배치하게 된다.

특히 남쪽의 오문에 동남쪽의 장녀목에 침대를 놓고 자면 하는 일마다 잘 되고 특히 사업하는 사람이라면 금시발복하여 순식간에 큰돈을 벌어들이게 되어 가정이 화목하고 건강도 좋아지게 되는 자리이다.

그러나 위 그림은 방에서 침대를 놓고 잠을 자는 자리를 말하는 것이므로 당연하다. 그러나 반대로 위 그림이 사무실이라면 또는 문제가 다르다 사무실 내에서 책상을 잘 놓아야 하기 때문에 배치가 달라질 수도 있다는 것이다.

남서쪽 문에 도서 가구배치 잘 되었다

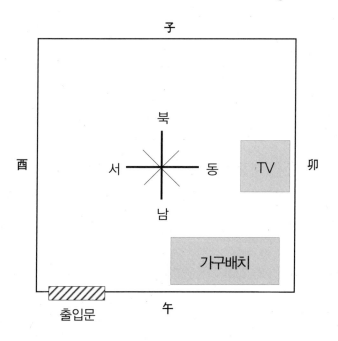

출입문이 남서쪽의 노모토 자리라면 가구는 동남쪽으로 배치하고 텔레비전이나 화장대는 동쪽에도 놓을 수 있다.

북동쪽의 소남토 자리에 사람이 기거하는 것이 좋다.

그리고 서북쪽의 자리가 비어 있기 때문에 그곳에서 기거하게 되면 건강과 명예가 들어오는 격이다.

그 집의 구조가 전체적으로 잘 맞게 되어 있나를 보는

것이 가장 중요하겠지만 간단하게 방 하나를 사용하는 데도 이렇게 신경을 써서 사용하는 것이 가장 중요하다.

이 방에 기타 가재도구가 있다면 북쪽의 水국에도 놓을 수 있다.

이 방에서 잠을 잘 때에는 머리 위에 냉수를 한 그릇 떠 놓으면 좋다. 주택의 가상법을 알기 위해서는 음양에 따른 동서사택의 구별을 해야 한다. 방 하나를 놓고도 출입문에 따라 사람이 거처해야 하는 자리가 있고 가구나 텔레비전, 화장대 같은 기물을 놓아야 하는 자리가 있다.

배합이 잘 맞는 자리에 가구나 기물을 배치하는 것은 매우 좋지 않다. 제일 좋은 자리는 사람이 거처하는 것이 좋다.

동남쪽 문에 가구배치 적당하다

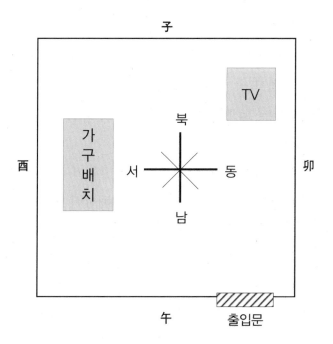

이 방은 출입문이 동남쪽의 장녀목이다. 그렇다면 위 그림과 같이 남서쪽으로 길게 가구를 배치하게 된다.

그리고 북동쪽의 소남토 자리에 텔레비전이나 화장대를 놓으면 안성맞춤이다.

남쪽과 동쪽, 북쪽이 비어 있다. 이렇게 되면 남은 공간에는 사람이 거처하면 좋다.

이렇게 가구를 배치하는 문제가 중요하다. 풍수지리를 공부하지 않고서는 이러한 이치를 알 수 없을 것이다.

양택의 인테리어와 음양의 이치에 맞게 기물을 배치하면 같은 방이라도 넓게 보인다.

특히 방을 활용함에도 편리하게 된다. 이러한 방에는 고가구를 진열하는 것이 좋다.

인테리어는 녹색과 검은색이 좋으며 커튼의 색깔도 마찬가지이다.

출입문과 배합이 잘 맞지 않은 장소에 가구를 배치하자는 것이다. 그렇게 되면 자동적으로 배합이 잘 맞고 좋은 자리에는 사람이 기거하게 된다는 뜻이다.

가령 여기서 또 잠자는 침대를 놓게 되면 동쪽의 장남木의 자리나 또는 북쪽의 중남水 자리에 놓게 되면 제일 좋다. 그것은 사람이 머물고 잠을 자는 곳이기 때문에 좋다는 것이다.

남쪽 문에 가구배치

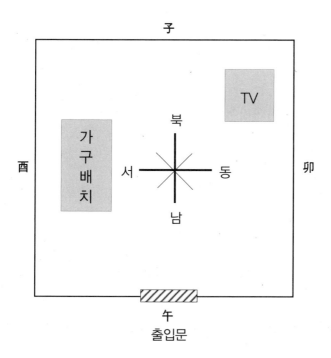

자

酉   卯

북

서 ━━ 동

남

午
출입문

어느 집이나 방마다 가구나 텔레비전 같은 기물이 있기 마련이다. 그런데 이 기물을 어느 방향으로 배치하느냐에 따라 길흉화복이 달라진다. 그것을 반대로 말하면 기물을 배치할 때 좋은 자리에 하게 되면 자연히 나쁜 자리는 남게 된다. 위 그림처럼 출입문이 남쪽의 火국이라면 서쪽에는 가구를 배치하고 텔레비전은 북동쪽에 두는 것이 좋다.

이것은 동서사택의 배합법에 잘 맞기 때문이다. 화장대를 추가로 놓게 되면 동쪽이나 동남쪽 어느 곳이라도 무방하다.

이 방의 인테리어는 붉은색이 가장 어울리며 벽면은 대나무 그림으로 장식하는 것이 좋다.

양택의 인테리어에서는 사소한 것까지 하나하나 신경 써서 배치하는 것이 좋다.

서쪽 문에 가구배치 잘 되었다고 보는 것이다

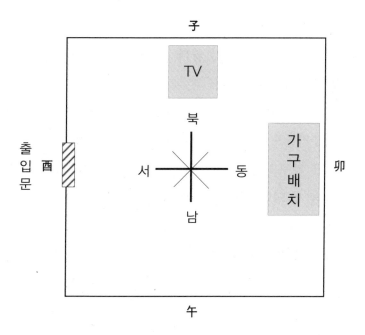

방의 출입문이 서쪽에 위치하고 있다면 가구는 동남쪽으로 배치하는 것이 제일 좋다.

텔레비전이나 화장대 같은 것은 북쪽의 방향에 두는 것이 좋다. 그리고 나머지 북동쪽과 서북쪽, 남서쪽 모두가 사람이 거처할 수 있는 공간이 되겠다.

이렇게 되면 나머지 공간은 아무 데나 거처해도 나쁘지 않다. 이 중에서도 제일 좋은 자리는 물론 북동쪽의 소남토 자리가 되겠다.

출입문이 소녀금이니 음양이 맞게 된다.

특히 한 곳의 자리를 더 잡는다면 남쪽의 중녀화의 자리에는 화장대를 놓는 것이 좋다. 이 자리는 특히 젊은 여성이라면 최상의 자리이다.

서쪽에 출입문이 있을 때에는 도배를 할 때에도 흰색으로 하고 커튼도 흰색으로 깨끗하게 하는 것이 좋다.

그리고 가구와 TV는 출입문에서 배합이 맞지 않는 나쁜 자리에 놓게 되면 자연히 좋은 자리는 사람이 기거할 수가 있다는 것이다.

그러나 또 한 가지는 여자들이 사용하는 화장대를 놓게 되면 이것은 사람이 오래도록 기거하고 머물러야 하기 때문에 배합이 잘 맞는 자리에 놓는 것이 중요하다.

사주에 맞는 그림

가을은 오곡이 무르익고 만물이 열매를 맺어 알맹이를 가득 채우는 풍요로운 계절이다. 이것은 필시 우리 인간뿐만 아니라 모든 동물들에게도 마찬가지이다.

찬 서리가 내리고 추워지기 전에 겨울에 먹을 양식을 준비하느라 분주한 계절이기도하다.

하지만 가을은 잠시 지나면 겨울이 오기 마련이다. 겨울에는 모든 만물은 꽁꽁 얼어붙고 깜깜한 암흑의 세상이 되고 마는 것이다.

매화는 찬 서리를 맞고 꽃을 피우니 그 향기가 맑다하여 음양오행에서는 水에 해당된다. 水의 색깔은 검은 색깔이요, 방향은 북쪽이요, 숫자는 1, 6 숫자이며 그림은 매화라 하였다.

사주 내에서 수(水)가 부족하면 인체에서 신장이 허약하고 기가 허하여 나약해지기 마련이다. 잠자는 방향은 머리를 북쪽으로 두고 매화 그림을 걸어두는 것이 좋다. 모든 사주 오행에서는 그 부족함을 채워 주는 것으로써 만족하게 된다.

겨울이 지나면 따스한 봄이 돌아오게 되고, 봄에는 모든 만물은 다시 활기를 찾게 되며 모든 생명체는 다시 형성이 되고 세상은 다시 시작되는 것이 대우주의 순환인지도 모른다.

봄의 계절은 동쪽이요, 오행에서는 목(木)이요, 인체에서는 간에 해당되며 가져야 할 그림에서는 난초요, 색은 녹색이며 숫자는 3, 8 木이 된다. 잠자는 방향은 동쪽으로 머리를 두는 것이 좋다. 사주 내에서 木이 부족하다면 이러한 것을 이행하는 것이 좋다.

싹이 튼 만물은 무더운 여름이 되면 태양 에너지를 받고 줄기찬 빗물에 의해서 힘차게 한없이 무성하게 펼치게 된다. 이것은 세상의 이치이다.

태양이 왕성한 무더운 여름철은 火에 해당되는 계절이다. 사계절 중에서 火에 해당되는 여름철의 식물은 대나무이다. 사주에서 火가 부족하거나 없다면 대나무 그림이 좋고 색깔은 빨간색이며 방향은 남쪽이고 숫자는 2, 7이며 잠자는 방향은 머리를 남쪽으로 두는 것이 좋다. 사주 내에서 火가 부족하다면 심장이 약하고 소심하기가 쉽다.

시원한 바람과 함께 만물은 씨앗을 만들게 되고 더러는 꽃을 피우고 분주한 시기가 접어들게 되는 것은 사실이다. 하지만 만물과 오곡이 무르익어 가는 과정도 따지고 보면 우리 인생살이와 조금도 다른 것이 없다는 것이다.

인간은 사계절처럼 생애를 살게 된다. 봄에 생명을 얻어서 성장하여 왕성한 젊음을 지나게 되면 세상에 단맛과 쓴맛을 보게 되어 드디어 인생에 값진 맛을 알게 되는지도 모른다.

인생은 노년이 되어 늙어서야 철이 드는지도 모른다. 가을철은 사계절 중에서 결실을 맺는 계절이다. 그래서 알맹이가 가득 차 있는 것이 金이라 했으니 우리 인간도 사주 오행에서 金이 없다면 가장 값진 결실이 없다는 뜻이 되겠다.

金은 사주에서는 매우 중요한 위치를 차지하고 있다. 그리고 인체의 오장육부에서 金이 차지하는 것이 폐(肺)와 대장이다. 폐는 숨을 쉬는 곳이고 통하는 곳은 털이라 했으니 피부와 직접적인 영향을 가지고 있다. 그래서 사주에서 金이 부족하다면 폐나 기관지가 약하다.

음양오행이란 어느 하나라도 중요하지 않을 것이 없다. 그래서 金이 부족하다면 사계절 중에서 가을철에 해당되는 식물을 취하고 서쪽으로 머리를 두고 자는 것이 최선이다.

金의 색깔은 백색이요, 계절은 가을이요, 방향은 서쪽이요, 식물은 국화이다. 그래서 국화 그림을 음양오행에 맞추어 걸어두고 봄으로써 형상적인 미에서 보듯이 기가 발산이 되어 폐가 좋아지고 명예와 인격이 좋아진다는 것이다.

사군자 중에서 매화는 水이다

사군자 중에서 매화는 음양오행에서 水에 해당된다. 사방위와 사계절이 음양오행이면서 그에 해당되는 식물 또한 음양오행인 것이다. 옛 선인들은 만물의 조화를 잘 읽어 우주 만물의 이치를 일관성 있게 잘 정리를 해 놓았다. 하지만 우리 현대인들은 옛 선인들이 오랜 세월 속에서 터득하여 연구하고 일구어 놓은 학문의 체계를 너무나 소홀히 대하는 경우가 비일비재하다.

음양오행하면 생소한 학문처럼 따돌림 받는 경우도 허다하다. 하지만 이는 분명 우리 생활과 밀접하게 관련되어 있으며 과거뿐만 아니라 앞으로도 떼어버릴 수 없는 것이 주역의 학문인 음양과 오행인 것이다. 우리는 봄, 여름, 가을, 겨울 순으로 부르지만 사실상 음양오행에서는 겨울이 1번이다.

겨울은 북쪽이고 오행에서는 水이기 때문이다. 천지가 조화를 이루고 수억 년 전 지구가 형성될 때 첫 번째로 물이 생겨남으로써 만물이 형성되었기 때문이다. 또한 주역에서도 매화는 1번으로 水에 해당된다. 매화는 겨울철 식물이기도 하지만 북쪽의 식물로서 얼음 속에서 꽃을 피워 맑은 향기를 내뿜는다는 것이다. 그러므로 매화 그림을 그릴 때 水를 생하는 구도와 기법을 사용하여야 음양오행에서 水를 생성할 수 있는 것이다. 따라서 사람의 사주를 풀어서 水가 없거나 부족하다면 이런 사람에게는 매화 그림이 더없이 필요하다. 목이 마른 사람은 물을 마셔야 하듯이 사주 또한 마찬가지이다.

만일 사주에서 水가 없다면 어떻게 될까. 물이 없다면 이 지구가 탄생할 수도 없듯이 사주에서 水가 없이는 성격이 메마르며 水가 모든 만물의 씨앗인 만큼 자손 또한 귀하다. 정력이 부족하여 건강도 좋을 수가 없다. 그리하여 인체의 오장육부에서도 水는 신장이요, 신장은 또 오장육부 중에서 제1번이라, 만약 신장에 고장이 나면 약도 없다고 주역에서는 말하고 있으며 실제로 신장이 한번 나빠지면 약으로도 회복이 될 수 없는 것이 사실이다.

이렇게 되면 水를 생하는 구도와 기법을 사용한 매화 그림을 걸어두고 수기를 얻는 것이 제일 좋은 방법이다. 각 띠별로 본다면 돼지띠와 쥐띠가 되는 것으로서 이런 띠들은 우선 매화 그림과 국화 그림이 제일 좋다.

그러나 아무리 옛 선인들이 오랜 세월 연구하여 만들어 놓은 것이라 할지라도 이를 실천하고 공부하는 사람들이 없으니 문제는 큰 문제로다. 음양과 오행을 충분히 연구하여 그린 그림이라면 필시 큰 효과를 보게 될 것이다.

사군자 중에서 난초는 木이다

사군자 중에서 난초는 봄의 식물로서 동(東)쪽에 해당된다. 동쪽은 음양오행에서는 목(木)으로 보는 것이다. 어떤 사람이 어떤 그림을 가져야 하는지를 알고 있는 사람은 그리 많지 않다.

옛 선인들은 그림을 그리기 위해서는 우선 자연을 알고 이해해야 하며 격에 맞춰 그려야 한다고 했다. 그래야 기운이 생동하는, 즉 살아있는 그림을 그릴 수 있다는 것이다. 필자는 이 가르침에 따라 주역과 풍수지리를 오랜 세월 동안 연구해 왔다. 그 결과 많은 것을 이해하고 느끼게 되었다.

이 세상에는 많은 동식물과 우리 인간들이 살고 있다. 하지만 서로서로 그 기질과 형평성이 맞는 것이 있는가 하면 서로가 적대적인 반대 세력도 많다는 것이 자연의 이치이다.

우리 인간도 서로를 도와가며 도움을 주는 사람이 있는가 하면 만나기만 하면 상대를 미워하고 손해만 끼치는 관계도 있다. 심지어 부모와 형제끼리도 해를 주는 세력도 있는 것이 세상사의 이치이다. 하물며 우리 인간이 살아가는 데에는 많은 수수께끼가 숨어 있는 것이 사실이다.

심지어는 주역에서 말하는 음양오행의 진리도 사람마다의 성격과 인품이 다르고 체질 또한 다름으로써 음식물을 섭취하는 데에도 알맞은 음식이 있는가 하면 입고 다니는 옷의 색상이라든지 가져야 할 물건도 다르다는 것이 확연하다.

사주의 오행에서 가령 木이 없다면 그 사주는 어떻게 해석할 것인가. 木이란 원래 말 그대로 나무를 말하는 것이다. 사주에서 木이란 엄청난 역할을 담당하고 있다.

포괄적으로 말하자면 우선 木이란 우리가 집을 지을 때도 상기둥이 木이요, 산야에서 자라나는 초목은 거의가 木이다. 아무리 기름진 땅이라도 초목이 없다면 이것은 황폐화된 땅으로밖에 볼 수가 없다.

木은 자라나는데 상징적인 뜻이 내재되어 있다. 이것을 사람의 사주에다 비교할 때 자라나는 기운이 없다면 성격에서부터 노력을 할 수 있는 여력이 없을 것이다.

인체에서 상기둥이란 척추를 말함이다. 사주에서 木이 없는 사람은 대부분 디스크나 허리 부분이 약하다고 판단하는 것이요, 오장육부에서의 木은 간(肝)에 해당되므로 木이 없다면 이는 필시 간의 기능이 약하다고 보는 것이며 간은 눈으로 통한다 하였으니 눈이 필히 나빠질 것이다.

그래서 어느 하나의 오행도 중요하지 않은 것이 있을까마
는 木이 담당하는 역할이 이처럼 크다.

　그래서 그림을 그릴 때 오행의 이치에 맞추어 그림으
로써 그림에서 기가 발산하여 심지어는 수맥까지 차단
하는 힘이 나온다.

사군자 중에서 대나무는 火이다

대나무의 특징은 열대성 식물이면서 남쪽에 해당되는 식물이다. 5~6월에 죽순이 돋아나와 성장 기일은 불과 15일에서 20일 정도밖에 되지 않는다. 그리고는 100여 년을 살면서 여무는 것이 대나무의 특성이다.

그래서 과거 중국에서는 대나무의 강한 기질은 강한 태풍에도 굴하지 않고 잘 꺾어지지가 않는 여름철의 식물로서 대표적으로 군자(君子)의 식물로 지정되어 왔다. 음양오행에서는 2번째로 火에 속하는 오행이다.

과거에는 대나무 그림을 그려서 월하산수죽이라고 쓰고서 벽에다 걸어두면 모든 액운이 물러간다 하여 먹을 다루는 선비들이 즐겨 그렸다.

일찍이 중국의 황하강 유역의 농경지 문화가 발전하면서 인류는 발전을 거듭해 왔다. 그때부터 인간의 삶에 행복을 기원하는 의식에서 점술이 발전됨으로써 대나무는 그 도구로도 사용되어 왔다. 중국의 역사에서 묵객들은 수천 년을 통해서 대나무의 군자다운 기질에 감탄하여 대나무 그림을 한 폭 칠하는 것을 모르면 선비로서의 자질을 의심할 정도였다.

특히 대나무는 사시사철 푸른 절개를 잃지 않고, 속이 비어 있으면서도 그 마디가 견고함에 감탄하여 군자에 비유하는데, 군자란 덕행에 기품이 고결하여 양주팔괴라는 8명의 선비들이 매료되어 아예 대나무 밭에서 살았다는 이야기도 전해진다. 양주팔괴란 중국의 청나라 강소성의 양주에 모인 8명의 화가들로써 금농, 황신, 이선, 왕사선, 고상, 정섭, 이방응, 나빙 등 개성 있는 화가들이다.

또한 우리 조상들도 예로부터 아기가 태어날 때 잡귀가 침범하지 못하도록 금줄을 칠 때도 대나무를 양쪽에 세웠다. 대나무는 음양오행에서 따져보면 火로 이루어져 있다. 사람마다 사주팔자는 골고루 타고 날 수는 없는데 그중 사주에서 火가 부족한 사람이 대나무 그림을 음양오행에 맞추어 걸어두면 火氣를 받아서 건강해질 뿐만 아니라 모든 것이 마음먹은 대로 된다고 하였다.

물론 사주학에서는 火가 부족하다면 잠자리를 할 때에도 머리를 남쪽 방향으로 하는 것이 좋고, 옷을 입어도 빨간색을 입는 것이 좋으며 숫자를 쓸 때에도 火의 숫자(2~7)가 적당하다. 그림은 역시 火에 해당되는 대나무 그림을 걸어두면 좋다.

사군자 중에서 국화는 金이다

사군자가 사계절의 식물이고 사방에 해당되며 음양오행에 해당된다는 사실은 누구나 잘 알고 있는 사실이다.

사군자를 만들 때 옛 선인들이 주역에 근본을 두고 음양오행에 맞추어서 만들었다. 각 계절마다 음양이 다르고 각 방향이 다르기 때문에 각 계절의 식물 중에서도 가장 특징이 있고 음양오행의 기질을 많이 가진 식물을 대표하여 군자를 지정하게 된 것이다.

하물며 사람도 인품과 학덕을 갖추지 않고는 군자의 칭호를 받기 어려운데 식물을 군자로서 점지했다는 데에는 상당히 큰 뜻이 내재되어 있다.

국화는 사계절 중에서 가을철에 해당되는 식물이다. 가을은 서쪽이고 음양오행에서는 서쪽의 金이 된다. 그래서 국화는 서방 金으로 보는 것이다.

우리 인간의 사주에서 金은 매우 중요한 역할을 한다. 어느 것 하나라도 소중하지 않은 오행이 없듯이 金은 결실을 말함이요, 우리가 일 년 내내 농사를 짓고 하는 것도 봄에 씨앗을 뿌려서 여름에 가꾸어 김을 매고 가을에 결실을 보기 위함이다. 사람의 사주도 마찬가지이다.

사람의 사주에서도 金이란 매우 소중하다. 金이란 말 그대로 보석이요 인생살이에서 명예와 인격과 권위를 나타내는 중요한 역할을 한다. 그래서 인간은 관록이나 명예를 얻기 위해서 밤낮으로 노력하고 공부하며 인격을 쌓는 것이다.

그래서인지 호랑이는 죽어서 가죽을 남기고 사람은 죽어서 명예로운 이름을 남긴다는 속담도 생겨났다. 그만큼 명예로운 칭송을 얻기 어렵다는 것이다.

특히 인체에서의 金은 폐와 대장의 기능을 하게 된다. 사주에서 금이 약하면 호흡기 질환이나 폐, 대장에 이상이 생기게 되어 있다.

사군자의 그림을 그릴 때에는 金을 생하는 구도가 중요하고 기법 또한 중요하다. 그림이 오행에 맞지 않으면 기를 발산하지 못한다. 이는 죽은 그림이나 다를 바가 없다. 사군자 그림이야 누구나 가져도 좋지만 특히 닭띠나 원숭이띠에게는 금상첨화로서 잘 맞다. 하지만 더 중요한 것은 사주를 풀어보고 그 사람의 사주 오행에서 제일 부족한 쪽의 그림을 가지는 것이 건강과 행복을 가져올 것이다.

산수화 그림은 土이다

시대의 변화에 따라서 우리 한국 전통의 예술인 한국화가 점차로 퇴색되어 가는 느낌이 들면서 사람들의 시선에서 멀어져 가는 기분마저 들기도 한다. 하지만 그림을 그리는 화가의 입장에서는 오히려 작품을 할 때 쏟는 정성이 부족해서가 아닌가 하는 생각이 들 때도 있다.

과거 중국 회화사에서부터 흘러내려온 전언에 의하면 그림은 손으로 그리는 것이 아니라, 마음으로 그리는 것이라고 한다. 그림을 그리는 사람과 그림을 감상하는 사람의 마음을 감동시켜서 마치 푸른 초목(草木)이 나부끼며 물이 흐르는 소리마저 마음속에서 들려오는 것처럼 느끼는 것이 사실이다.

그래서 과거 선인들은 그림을 그리는 기법을 가르치기보다는 그 사람의 정신적인 스승인 마음을 가르치고 화가의 자질과 인격을 소중히 여겨왔던 것이다.

그림의 세계를 잘 모르는 사람들은 손재주가 좋아서 보기 좋고 아름답게 묘사해 놓은 그림을 보고 좋은 그림으로 착각하기 쉽다. 하지만 진정한 예술이란 보기 좋고 모양만 가지고는 진정한 예술이 되기는커녕 오히려 시간과 물자만 낭비하는 꼴이 되고 만다.

그림을 한 폭 그리기 위해서는 수십 년을 갈고 닦고 수천, 수만 번의 노력을 해야 한다. 그런다면 붓으로 한 획을 그어도 마치 살아서 움직이는 필력이 스며 있으므로 기운이 생동하는, 살아서 움직이는 그림이 될 수 있을 것이다. 그림 속에는 작가의 혼신이 배어 있으므로 기가 투사되어 발산된다. 따라서 보는 이와 동기 감응이 일어나게 되어 커다란 감동과 마음을 움직이는 힘이 배어 있다고 보는 것이다.

산수화는 보는 그대로 나무나 돌, 산과 들, 또는 우리 인류의 보금자리인 집이라든가 누각들이 자리를 잡고 있다. 모든 만물을 다 일일이 표현하기란 힘들지만 그래도 대지의 일부분을 묘사해 놓는다.

주역의 이론에서도 음양의 이치대로 배치를 잘 해 놓았다면 마땅히 土에 해당된다. 이런 그림이라면 사주에서 土가 부족한 사람에게는 제일 좋을 뿐 아니라 소띠나 양띠, 개띠, 용띠 같은 사람들은 산수화 그림이 좋다.

지구에서 土가 중요하다는 사실은 누누이 잘 알고 있는 사실이다. 土는 재산과 부를 상징하며 인체에서는 위장에 해당된다. 따라서 사주에서 土가 부족하다면 위장 계통이 나쁘거나 허약하여 고장이 잘 나곤 한다.

이러한 사람에게는 산수화 그림이 제일 좋다는 것이 음양오행의 이론이다. 산수화 그림을 걸어두고 보면 형상적으로 본인에게 부족한 土의 기운이 보완되어 가는 것이다.

이를 두고 우리 인간은 살아가면서 팔자를 고친다는 말이 나오게 되었는지도 모른다. 체질에 따라서 음식이나 입는 옷의 색깔도 다르고 잠잘 때 머리를 두어야 할 방향도 제각기 다르듯이 그림 또한 본인에게 알맞은 그림을 걸어두는 것도 하나의 방편이 되는 것이다.

► 저자 약력 ◄

윤제胤齊 노영준盧永埈

사단법인 한국자연지리협회 이사장
사단법인 한국자연지리협회 풍수지리 역학 강좌
한국교육학술정보원 풍수지리학과 선정 평가위원 역임
40년 이상 풍수지리 및 역학 연구
일본 니가타대학 및 문화원 풍수지리 초청강좌
한국일보 강사 10년 이상
EBS 교육방송 연재
국립현대미술관 작품소장 작가 및 초대작가
KBS, SBS TV「복권명당」,「박사마을」,「맞선명당」,
「봉하마을」,「행운을 부르는 명당자리」,「연리지소나무」
등 풍수지리 관련 프로그램 다수 출연

〈저서〉
• 사주대로 산다(초급, 중급, 고급)
• 역학사전 네이버 인터넷
• 명당은 있다
• 주택명당
• 명당의 가문(초급, 중급, 고급)
• 팔자로 산다(초급, 중급, 고급)

사단법인 한국자연지리협회
주소: 서울시 동대문구 왕산로 128
전화: 02-929-1188
홈페이지: www.ps21c.com

저자와의
합의하에
인지첩부
생략

명당의 부동산_고급

2019년 7월 25일 초판 1쇄 인쇄
2019년 7월 30일 초판 1쇄 발행

지은이 (사)한국자연지리협회 회장 노영준
펴낸이 진욱상
펴낸곳 백산출판사
교 정 편집부
본문디자인 편집부
표지디자인 오정은

등 록 1974년 1월 9일 제406-1974-000001호
주 소 경기도 파주시 회동길 370(백산빌딩 3층)
전 화 02-914-1621(代)
팩 스 031-955-9911
이메일 edit@ibaeksan.kr
홈페이지 www.ibaeksan.kr

ISBN 979-11-5763-795-9 03180
값 18,000원